개정 Incoterms2010 수록

기초 핵심내용을 **삽화 연상법**으로 설명한

쉬어가는 무역영어

김선희 저

도서출판 두남

머리말

필자는 대학 강단에서 취업 준비생을 위한 무역영어 강의를 담당하였고, 현장감을 위해 무역영어 검정시험을 직접 치렀다. 강의자 입장에서, 또 수험자 입장에서 무역영어를 가르치고 시험을 준비하면서 현실에 맞는 보다 쉬운 교재의 필요성을 절감하였다. 많은 수험자들이 무역영어 시험을 국제무역사 혹은 관세사 시험과 같은 보다 높은 단계를 향한 과정으로 준비하고 있음을 고려할 때 무조건 기출문제 외우기 방식의 공부는 한계가 있다고 생각된다. 내용의 근간을 이해하고 기초를 충분히 다져나가는 근원적이고 장기적인 관점의 학습이 필요하다고 본다.

다른 자격증 시험에 비교할 때 무역영어 검정시험은 시험범위가 그다지 많지 않다. 합격인원수 제한도 없고 60점 이상이면 합격하기 때문에 누구나 도전할 만한 시험이다. 그럼에도 불구하고 공부가 쉽지 않게 느껴지는 것은 "보험에 부보하다(cover)" "살물(bulk cargo)"과 같은 우리에게 생소한 한자식 표현들이 많기 때문이다. 무역관련 규정과 무역통신문을 다루는 영문해석과 영작문 문제에도 실용영어에서 접하기 어려운 단어와 문장들이 적지 않다. 이 교재는 한글세대 수험자들의 입장을 고려하여 이러한 어려움을 최소화시키는 데 중점을 두었다. 보다 간명하게 설명하고, 보다 쉽게 내용을 이해하자는 것이 이 책의 키워드이다.

이 책의 편집 특징은 다음과 같다.

1. 내용의 핵심을 선별하고, 이를 최대한 간략하게 설명하도록 노력하였다.
2. 핵심 내용에 삽화를 추가하거나 연상법을 소개하여 내용을 쉽게 이해하고 기억할 수 있도록 배려하였다.
3. 각 단원별로 충분한 연습문제를 통하여 학습의 기초를 확실하게 다지도록 하였다.
4. 단원에 관련된 실전문제 풀이과정으로 시험 문제유형에 익숙하도록 하였다.
5. 기출문제에서 자주 출제되는 영어구문과 영문해석을 충분히 연습하도록 하였다.
6. 최근에 실시한 기출문제를 수록하여 실전에 대비하도록 하였다.
7. 개정된 INCOTERMS 2010 내용을 간추려 소개하였다.

공부의 가장 큰 원동력은 즐거움일 것이다. 이 책이 무역영어 시험의 어려움을 조금이나마 감소시켜 배움의 즐거움을 맛보는 데 기여하기 바란다. 보다 많은 젊은이들이 시험을 통과하여 사회의 첫 출발을 시작하는 데 보탬이 되고자 초판을 낸 후, 여러 가지 미비한 점을 바로잡고 최근 개정된 INCOTERMS 2010 내용을 추가하여 개정판을 냈다. 책의 오류를 바로잡아 주신 분들의 수고에 깊은 감사를 드린다. 언제나 함께 하시는 하나님, 든든한 힘이 되어주는 나의 가족, 좋은 삽화를 그려준 윤하연 양, 도서출판 두남의 수고한 분들께 지면을 통해 감사를 드린다.

2011년 2월

저자 씀

무역영어 시험이란?

1. 시험 안내

등급	전형방법	시험과목	문항수	수험시간	문제유형	시험수준
무역영어 1급	필기시험	영문해석 영작문 무역실무	25 25 25	90분	객관식	대학경상계열 졸업자
무역영어 2급	필기시험	영문해석 영작문 무역실무	25 25 25	90분		전문대학 졸업자
무역영어 3급	필기시험	영문해석 영작문 무역실무	25 25 25	90분		고등학교 졸업자

2. 합격 기준

각 과목 100점 만점 중 평균 60점 이상

1급은 과목낙제가 있어 각 과목이 40점 이하인 경우 불합격

3. 시험 유형

객관식, 문제 은행식으로 출제되기 때문에 기출문제 유형으로 공부해야 함

Contents

Unit 01 무역계약과 청약

연습의 힘

세상에는 고군분투하지 않고 나태함과 오만함에 몸을 맡기는 천재들이 넘쳐난다. 그들은 한때 면도날이었을지 모르나 결국 번쩍임과 예리함을 잃어버린 채 아무 의미도 쓸모도 없는 한 조각 쇠붙이로 살아가야 한다.

〈천재 화가, 발명가 레오나르도 다빈치〉

Unit
01

무역계약과 청약

1 계약이란

매수자(buyer)와 매도자(seller)가 판매계약을 맺는 것

2 무역계약의 성격

1) 낙성계약(consensual)

매도자와 매수자 의견이 일치함
의견 합의에 도달한 것이므로 그 이상은 필요 없다.
cf. 당사자 합의 이외 법적 행동이 필요하면 요물계약

2) 쌍무계약(bilateral)

파는 사람은 물건, 사는 사람은 돈을 지불하는 것
양편 모두 부담을 갖는다는 의미에서 쌍무(雙務) 계약
cf. 한쪽만 의무를 지면 편무계약

낙성계약 : 의견 완전 일치

쌍무계약 : 양쪽 모두 의무 있음

3) 유상계약(remunerative)

쌍방이 각각 댓가를 제공하는 내용

cf. 댓가가 없으면 무상계약

4) 불요식 계약(informal)

문서와 마찬가지로 구두로도 계약이 가능함

계약은 서류가 원칙이나 당사자간 합의가 우선이므로 구두계약도 성립

cf. 서류를 갖추면 요식계약

불요식계약 : 말로 계약

3 무역계약 체결방법

1) 개별계약(case by case contract)

개별적 계약으로 보통 고정 거래가 아닌 경우에 이루어짐

2) 총괄계약(master contract)

개별계약과 별개로 통합 거래조건인 일반거래조건협정서(General Terms and Conditions of Business)를 따르는 것

4 계약에서 신용도가 중요하기 때문에 신용조회를 실시함

- **신용조회**(credit inquiry) 3 **요소** : 3 C

  Character(상도덕) : 업체의 성실성과 채무변제 능력

  Capital(지급능력) : 업체의 자본금과 자산상태

  Capacity(경영능력) : 연간 매출액과 생산능력 등 경영상태

※ 신용조회의 5요소

3 요소에 국가(country), 통화(currency), 거래조건(conditionals), 담보조건(collateral) 중 두 가지를 추가함

5 청약(offer)과 승낙(accept)

1) 청약(offer)이란?

계약을 위해 "확정적"으로 의사 표현하는 것

2) 승낙(acceptance)

청약한 내용에 "이의 없이" 동의하는 것

3) 반대청약(counter offer)

청약내용에 "다른 의견 제시"로 기존청약을 거절하고 새로운 청약 조건을 제시하는 것

6 청약의 종류

청약주도권자가 누구인가로 분류함

매도청약(selling offer) : 물건을 파는 사람이 주도함

매수청약(buying offer) : 물건을 사는 사람이 주도함

대부분 수출입 거래는 수입상이 주도하는 매수청약(buyer's market)

7 청약의 종류

1) 확정청약(firm offer)

기간 안에 계약하여 이행하는 것으로 내용을 변경하거나 철회하지 못함

"firm(확정)" 또는 "irrevocable(취소불능)" 표현을 사용함

특별한 언급이 없으면 보통 "합리적 기간 이내(within reasonable time)"로 해석함

※ 확정청약의 3 요소 : 물품, 수량, 가격

2) 불확정 청약(free offer)

유효기간이나 "firm" 표현이 없어 조건변경이 가능한 것

청약자의 최종확인이 있어야만 확정청약으로 인정됨

3) 반대청약(counter offer)

원 청약에 대한 변경을 제시하는 것

반대청약은 곧 본래의 청약을 거절하는 새로운 청약으로 간주함

4) 교차청약(cross offer)

서로 동시에 청약하는 것

8 조건부 청약

청약에 대해 추가조건을 요구하는 조건부 계약으로 다음과 같은 종류가 있다.

1) 매도인 최종확인 조건부 청약(offer subject to final confirmation)

파는 사람이 추후 확인해야만 계약이 성립되는 조건

2) 선착순판매/재고잔류조건부(offer subject to prior sale/subject to being unsold)

선착순이거나 재고가 있는 경우에만 가능한 조건

3) 점검매매 조건부 청약(offer on approval)

신제품이나 견본품을 사용한 후에 만족하면 승낙하는 조건

4) 매도인 승인 조건부 청약(offer on seller's approval)

매도인이 최종 승인을 해야 계약이 성사되는 조건

5) 무확약 청약(offer without engagement)

가격이 미확정일 때 시세변동에 따라 달라지는 조건
시황조건부 청약(offer subject to market situation)과 동일함

6) 반품허용 조건부 청약(offer on sale or return)

서적판매와 같이 일정 기간 판매 후 재고를 반품해 주는 조건

9 승낙(Acceptance)

1) 승낙이란?

청약에 대한 "무조건적(unconditional)" 승인을 말한다.
약정기간 또는 합리적 기간 내 이루어져야 하며 피청약자의 의사표현 없는 승낙, 침묵, 부분 승낙은 인정되지 않는다.

2) 승낙의 효력

A. 발신주의(mailbox theory) : 승낙이 "발생한" 시점부터 효력이 발생하는 것
예) 한국, 일본, 미국 등 대부분 국가에서 시행

B. 도달주의(arrival theory) : 승낙이 "도착"한 시점부터 효력이 발생하는 것
예) 독일 등 일부국가에서 시행(비엔나협약은 도달주의를 적용)

C. 요지주의(acknowledgement theory) : 도착은 물론 "내용"도 상대방에게 알려져야 효력이 발생하는 것
예) 이태리, 이집트

✿ 주의 : 먼 거리 우편이나 전보는 한국, 일본, 미국, 영국에서 발신주의를 채택한다. 그러나 독일과 비엔나 협약은 도달주의를 채택함

10 승낙기간(비엔나협약 제20조)

전보, 서신은 전달하는데 오랜 시간이 필요하기 때문에 발신주의를 적용함

11 관련 영문살펴보기

※ 밑줄 친 부분에 유념하여 내용의 핵심을 파악할 것

1) 물품매매계약에 의한 UN 협약(비엔나협약)

A contract of sale needs to be concluded in or evidenced by writing and is not subject to any other requirement as to form. It may be provided by any means, including witness.

매매 계약은 서류는 물론 형식에 구애됨이 없으며 증인에 의해서도 입증될 수 있다. 즉 복잡한 서류없이 구두에 의해서도 계약이 성립된다는 불요식주의를 설명

2) 권리침해조항(Infringement Clause)

The buyer shall not be responsible for the losses and damages incurred, and suits and claims brought by third party due to trademark, patent, copyright of the third party.

파는 사람은 지시대로 사용한 상표나 디자인 침해에 대해서 면책된다는 면책조항

3) 불가항력 조항(Force Majeure)

The Seller shall not be held responsibility if they, owing to the force majeure, fail to make delivery within the time stipulated in the contract.

전쟁, 천재지변, 파업 등 불가피한 상황으로 인한 손해는 책임이 없다는 면책조항

4) 배상조항(Indemnity Clause)

In the event either party breaches an obligation under this Agreement or toward a third party delays or interferes with the other party in the performance of this Agreement, it shall be liable to the other party for any reasonable direct damages thereby sustained by the other party.

계약 당사자나 제3자에 대한 계약 불이행으로 말미암은 손해책임 규정 조항

5) 청약의 유인

> A proposal other than one addressed to one or more specific persons is to be considered merely as an invitation to make offers, unless the contrary is clearly indicated by the person making the proposal.

반대의사가 명확히 표현되지 않으면 청약을 위한 유인으로 간주됨

6) 청약의 효력

> An offer becomes effective when it reaches the offeree.

청약은 피청약자에게 도달할 때 효력이 발생한다는 도달주의 설명

7) 청약 철회

> An offer, even if it is irrevocable, may be withdrawn if the withdrawal reaches the offeree before or at the same time as the offer.

취소불능이지만 이전 혹은 도달과 동일 시점에 철회될 경우 철회가 가능함

기초 연습문제

01 밑줄 친 부분에 유념하여 계약의 특성 이해하기

보기

a) 쌍무계약　　b) 낙성계약　　c) 불요식 계약　　d) 유상계약

1) ________ : 매수자와 매도자의 의견이 일치해야 함
2) ________ : 꼭 서류가 아닌 요식성 있는 서명이나 구두로도 계약 유효
3) ________ : 계약 조건 대가로 각각 물건 또는 금전을 제공함. 무상이 아님
4) ________ : 매도자나 매수자 쌍방 모두 의무를 져야 함

02 다음 계약의 반대 상황을 보기에서 고르시오.

보기

편무계약　　요물계약　　요식계약　　무상계약

1) 낙성계약의 반대, 법이 정한 행위가 있어야 계약 성립 : ____________
2) 쌍무계약의 반대, 일방 당사자만 의무 부담함 : ____________
3) 유상계약의 반대, 대가 제공이 없는 계약 : ____________
4) 불요식계약의 반대, 서면과 같은 요식이 필요한 계약 : ____________

03 계약을 개별적으로 하는 것은 :

a) 개별계약　　　　b) 총괄계약

계약을 총괄적으로 하는 것은 :

a) 개별계약　　　　b) 총괄계약

04 다음 계약 단계를 정의해보세요.

"이 물건을 사겠어요" "이 물건을 팔겠어요"	"의견에 이의없습니다" "계약에 동의합니다"	"가격이 비싸군요" "상품이 불실해요"
계약 의사표현	계약을 허락하는 것	반대의사를 표명하는 것
(　　　　)	(　　　　)	(　　　　)

05 무역계약의 4가지 성격이 아닌 것은?

a) 낙성계약　　　　b) 쌍무계약

c) 유상계약　　　　d) 요식계약

06 다음 반대 상황이 잘못 짝지어진 것은

a) 낙성계약 – 요물계약　　　　b) 쌍무계약 – 편무계약

c) 유상계약 – 무상계약　　　　d) 불요식계약 – 요물계약

07 신용조회의 3 요소가 아닌 것

a) Cash　　　　b) Capital　　　　c) Capacity

08 신용조회의 3 요소

(　　　　)　:　(　　　　)　:　(　　　　)

09 무역계약 용어 연습

1) 개별계약 : a) case by case contract b) master contract

2) 총괄계약 : a) case by case contract b) master contract

3) 청약 : a) offer b) accept c) counter offer

4) 승낙 : a) offer b) accept c) counter offer

5) 반대청약 : a) offer b) accept c) counter offer

6) 확정청약 : a) firm offer b) free offer

7) 매도청약 : a) selling offer b) buying offer

8) 매수청약 : a) selling offer b) buying offer

9) 청약 유효기간 : a) validity b) capability

10) 상도덕 : a) credit b) character

10 다음 조항이 설명하는 것은?

An offer becomes effective when it reaches the different party.

a) 발신주의 b) 도달주의 c) 요지주의

11

1) 청약을 파는 사람이 주도하는 경우 : a) 매수청약 b) 매도청약

2) 청약을 사는 사람이 주도하는 경우 : a) 매수청약 b) 매도청약

3) 주요 수출입 거래의 주도권 : a) 매수자 b) 매도자

12 1) 청약이 확정되어 계약이 이루어지는 것

a) 확정청약　　b) 불확정 청약

2) 청약에서 조건 변경이 가능한 것

a) 확정청약　　b) 불확정 청약

3) 청약한 내용에 대해 반대의견을 제기하는 것

a) 확정청약　　b) 반대청약

4) 같은 내용을 동시에 상대방에 청약하는 것

a) 반대청약　　b) 교차청약

13 조건부 청약 해석을 보기에서 고르시오.

1) Offer subject to our final confirmation : ________________

2) Offer subject to prior sale/being unsold : ____________________

3) Offer subject to being market situation : ________________

4) Offer on seller's approval : ___________________

5) Offer without engagement : __________________

6) Offer on sale or return : ____________________

보기

a. 매도인 최종확인 조건부 청약　　b. 선착순 판매/재고 조건부 청약
c. 시황조건부 청약(무확약 청약)　　d. 점검매매 조건부 청약
e. 무확약 청약　　f. 반품허용 조건부 청약

14 다음 조건부 청약 정의를 13번 문제 보기에서 고르시오.

서적판매와 같이 반품을 조건으로 하는 청약	f
매도인의 최종 확인이 필요한 조건부 청약	
시제품 사용처럼 매수인 승인이 필요한 조건	
시장 상황에 따라 승낙이 결정되는 조건	
재고가 있거나 선착순 조건을 붙이는 청약	
제시 가격이 미확정이기 때문에 시세 변동에 따르는 조건, 시황조건부 청약과 유사함	

15 청약 의사가 도착했을 때 효력이 발생하는 것 :

a) 발신주의　　　b) 도달주의　　　c) 요지주의

16 청약 의사가 의사발표 시점에서 효력이 발생하는 것

a) 발신주의　　　b) 도달주의　　　c) 요지주의

17 상대방에게 도달하며 내용도 알려졌을 때 효력이 발생하는 경우

a) 발신주의　　　b) 도달주의　　　c) 요지주의

18 청약과 승낙은 일반적으로 __________ 가 원칙임

a) 발신주의　　　b) 도달주의　　　c) 요지주의

19 격지자간의 우편과 전보 경우 독일과 비엔나 협약은 ________ 주의 이지만 한국, 미국, 영국 3국의 경우는 발신주의를 채택함

✿ 힌트 : 우리나라는 서류 언제 보냈느냐가 중요!
독일과 비엔나에서는 언제 도착하느냐가 중요!

20 확정 청약에서 승낙 기간이 명시되어 있지 않아도 ________ 표현이 있으면 확정 청약으로 간주됨

a) firm　　　　b) free

21 확정청약에서 특별한 유효기간 명시가 없으면 통상 기간을 ______로 해석함

a) 합리적인 기간 이내(within reasonable times)

b) 합리적인 기일 이후(after reasonable times)

22 계약 용어 정리

a) 청약자 : ________________　　　피청약자 : ______________

b) 청약하다 : ______________　　　승인하다 : _____________

c) 반대청약 : ______________　　　불확정청약 : ____________

보기

offer　　counter offer　　accept　　offeror　　offeree　　free offer

▌해답▌ Unit 1 연습문제(무역계약과 청약)

1. 1) b　2) c　3) d　4) a
2. 1) 요물계약　2) 편무계약　3) 무상계약　4) 요식계약
3. a . b
4. (왼쪽부터) 청약. 승낙. 반대청약
5. d
6. d
7. a
8. capital, character, capacity
9. 1) a　2) b　3) a　4) b　5) c　6) a　7) a　8) b　9) a　10) b
10. b
11. 1) b　2) a　3) a
12. 1) a　2) b　3) b　4) b
13. 1) a　2) b　3) c
    4) d　5) e　6) f
14. (순서대로) f - a - d - c - b - e
15. b
16. a
17. c
18. a
19. 도달
20. a
21. a
22. a) offeror　offeree
    b) offer　accept
    c) counter offer　free offer

실전문제

01 거래선에 대하여 신용조회(credit inquiry)를 하는 경우 거래상대방에 대한 채무 변제나 이행에 대한 신뢰도 측정 요소는 다음 “Three C's” 중 어느 것에 해당되는가?

1) capital
2) character
3) capacity
4) condition

02 무역계약에서 청약(offer)과 승낙(acceptance)의 관계를 나타낸 것으로 적절한 것은?

1) 청약에 유효기간이 있는 경우, 유효기간이 경과되어도 통상 1~2주 기간 동안 유효하다.
2) 청약에 대하여 부가, 제한 또는 기타의 변경을 포함하고 있는 응답 역시 승낙으로 본다.
3) 불확정 오퍼(free offer)는 그 청약에 대한 상대방의 승낙만으로는 매매계약이 성립되지 않고 나아가 그 승낙에 대한 청약자의 최종확인이 있어야만 매매계약이 성립된다.
4) 확정청약(firm offer)에는 보통 승낙회답의 유효기간이 정해져 있지 않다.

03 다음 중 불확정 청약(free offer)에 관한 설명으로 틀린 것은?

1) 불확정 청약(free offer)은 청약이라기보다는 청약의 유인(invitation to offer)으로서의 성격을 지닌다.
2) 유효기간이 제시되지 않은 구두청약(oral offer)은 불확정 청약(free offer)이다.
3) 통상 불확정 청약(free offer)에 대한 피청약자의 승낙은 청약자의 최종확인(final confirmation)을 받아 계약을 성립시킨다.
4) 불확정 청약(free offer)의 내용(거래조건) 변경은 피청약자(offeree)의 동의없이 청약자가 독단적으로 할 수 없다.

04 한국의 수출상인 A사는 더 이상 생산할 수 없고 재고품 10,000개를 조기에 처분하기 위하여 해외의 여러 거래선 앞으로 청약(offer) 하려고 한다. 이 경우 청약방법으로 가장 바람직한 것은?

1) firm offer
2) offer subject to prior sale
3) offer on approval
4) counter offer

05 Offer의 발행자가 Offer의 확신일자를 명시하여 발행하는 것을 무엇이라 하는가?

1) counter Offer
2) free Offer
3) firm Offer
4) offer on Approval

06 다음 중 매수인이 물품을 판매한 후 판매되지 않은 재고품을 반품할 수 있는 조건부 청약은?

1) offer without engagement
2) offer subject to being unsold
3) offer subject to prior sale
4) offer on sale or return

07 수출업자는 지정 수입업자 이외에는 동일품목을 오퍼하지 않고 수입업자 역시 수출국의 다른 수출업자로부터 동일품목을 취급하지 않는 조건으로 하는 계약은?

1) 개별계약
2) 포괄계약
3) 독점계약
4) 쌍무계약

08 다음은 어떤 계약서의 필수조항인가?

Business is to be transacted between Sellers and Buyers as Principals to Principals on their own account and responsibility for the sale of the Seller's cars in the EU market.

1) License and Technical Assistance Agreement
2) Agency Agreement
3) Joint Venture Agreement
4) Agreement on General Terms and Conditions of Business

09 In general, the (   ) must accept the offer within the time specified, or if no time period is specified, (   ). If he does not do so, then he will have allowed the offer to terminate.

1) offeror – within a reasonable time
2) offeror – after a reasonable time
3) offeree – within a reasonable time
4) offeree – after a reasonable time

10 (   )에 적절하지 않은 표현을 고르시오.

Please (   ) us of your opinion about their financial standing.

1) inform
2) advise
3) notify
4) know

11 If the offeror wants to bind the offeree to accept an offer within a reasonable time, he must make (   ).

1) offer subject to prior sale
2) firm offer
3) free offer
4) offer on sale or return

12 (   ) is an offer open for a reasonable time in which the (   ) binds the (   ) to accept it within that period.

1) Counter offer – offeror – offeree
2) Counter offer – offeree – offeror
3) Firm offer – offeree – offeror
4) Firm offer – offeror – offeree

13 The (   ) is a statement intended to result in a binding contract if duly accepted by the (   ). The seller should make certain that the essential elements of the contract are clearly stated in the communications exchange by the parties.

1) offer – offeror
2) acceptance – offeree
3) offer – offeree
4) acceptance – offeror

14 다음 중 확인 조건부 청약을 나타내는 표현은?

1) We are pleased to offer firm subject to receive your reply by Sept. 30, 2010.
2) We are pleased to offer you the following items subject to our final confirmation.
3) We have the pleasure in offering you the following items subject to being unsold.
4) We have the pleasure in offering you the following items subject to receive your reply by September 30, 2010.

※ 적절한 해석을 고르시오.(15~16)

15 A large acceptance is nevertheless effective as an acceptance if without delay the offer or orally so informs the offeree or dispatches a notice to that effect.

1) 연착된 승낙일지라도 청약자가 피청약자에게 승낙으로 인정한다는 사실을 지체없이 구두 통지하거나 이러한 취지의 통지를 발송하면 승낙으로서의 효력을 갖는다.
2) 연착된 승낙은 피청약자가 청약자에게 그 효과가 있다는 사실을 지체없이 구두통지하거나 그러한 취지의 통지를 발송하였다고 해도 승낙이 되지 않는다.
3) 연착된 승낙일지라도 청약자가 피청약자에게 그 효과가 있다는 사실을 지체없이 구두로 통지하면 승낙으로서의 효력을 갖는다.
4) 연착된 승낙은 청약자가 피청약자에게 승낙으로 인정한다는 사실을 지체없이 구두로 통지하거나 그러한 취지의 통지를 발송하였다 해도 승낙으로서의 효력을 가질 수 없다.

✿ 힌트 : 해석문제는 각 문항의 차이점을 신속히 파악해서 해답을 찾는 것이 포인트!

16 Except in case where firm offers are accepted, no orders shall be binding until acceptance is cabled by sellers. All orders shall be confirmed in writing, and orders thus confirmed shall not be canceled unless by mutual consent.

1) 확정 오퍼를 수락한 경우에 어떠한 주문도 매도인이 이를 수락한다고 타전할 때까지는 구속력이 없다. 모든 주문은 서면으로 확인되어야 하고, 그렇게 확인된 주문은 상호 동의가 없이 취소할 수 없다.
2) 확정오퍼를 수락한 경우를 제외하고는 어떠한 주문도 매도인이 이를 수락한다고 타전할 때까지는 구속력이 없다. 모든 주문은 서면으로 확인되어야 하고, 그렇게 확인된 주문은 상호 동의 없이는 취소될 수 없다.
3) 확정오퍼를 수락한 경우를 제외하고는 어떠한 주문도 매도인이 이를 수락한다고 타전할 때까지는 구속력이 없다. 모든 주문은 서면으로 확인되어야 하고,

그렇게 확인된 주문은 상호 동의가 있으면 취소할 수 없다.

4) 확정 오퍼를 수락한 경우를 제외하고는 어떠한 주문도 대도인이 이를 수락한다고 우편전송 할 때까지는 구속력이 없다. 모든 주문은 서명으로 확인하고, 그렇게 확인된 주문은 상호 동의 없이는 취소할 수 없다.

▮해답▮ Unit 1 실전문제(무역계약과 청약)

1. 2)	2. 3)	3. 2)	4. 2)	5. 3)
6. 2)	7. 3)	8. 4)	9. 3)	10. 4)
11. 2)	12. 4)	13. 3)	14. 2)	15. 1)
16. 2)				

Unit 02 INCOTERMS 2010 용어 정리

실천의 힘

중요한 일을 번번이 미루는 "차일피일"병은 현대인의 중대한 질병이고 사회적 장애다.

〈카이스트 교수 정재승〉

성공하려면 "긴급하지 않지만 중요한 일"부터 먼저 하라.

〈성공하는 사람들의 7가지 습관〉 스티븐 코비

Unit 02

INCOTERMS 2010 용어 정리

1 INCOTERMS란 무엇인가?

1) Incoterms란 국제 상업규칙, International Commercial Terms의 약칭이다. 국제상공회의소(ICC)에서 국제간 무역 계약의 편리를 위해 1936년 제정된 후 2000년까지 여러 번 수정을 거쳐 2010년 다시 개정되었다(2011년 1월 1일부터 발효). Incoterms 2010은 국제 상업규정이 아닌 국내 및 국제 무역 규정으로 변화했다.

2) 무역 상거래 편의를 위해 무역 거래 조건을 유형화한 것이다. Incoterms 2000의 13 조건은 Incoterms 2010에서 11 조건으로 축소 정리되었다.

3) Incoterms는 강제법규가 아니고 당사자들이 합의할 때만 적용하는 임의규칙이다. "본 계약은 Incoterms 2010에 따른다"는 준거조항(governing clause)이 있을 때 효력을 발휘한다.

4) Incoterms의 주 내용은 물품 인도장소, 위험부담 분기점, 비용부담 분기점에 관한 것이다. 무역 거래에서 위험과 비용을 어느 시점에서 벗어나는지 매도인 입장에서 명시한다.

5) 전자식 데이터베이스(EDI)를 제공한다. 특히 Incoterms 2010은 전자서류에도 일반 서류와 동일한 효력을 부여한다.

2 INCOTERMS 2000 13 조건

※ 개편된 Incoterms 2010 특성을 파악하려면 Incoterms 2000 조건에 대한 이해가 필요하다.

1) E 조건 : 출발지 조건

EXW(EX Works) : 공장이나 작업장에서 전달하는 조건

현장에서 인도하여 On Spot 또는 Loco라고 함

2) F 조건 : 운송비 미지급 조건

FCA(Free Carrier) : 운송인에게 전달. Carrier란 운송인

FAS(Free Alongside Ship) : 배 측면, 즉 항구까지 전달

FOB(Free On Board) : 배까지 전달. 배 난간, 즉 "ship's rail"을 통과해야 함

3) C 조건 : 운송비 지급조건

CIP(Carriage and Insurance Paid to) : 운송료 + 보험료 지급 인도조건

CPT(Carriage Paid To) : 운송료 지급 인도조건

CFR(Cost and Freight) : 비용 + 선박운임 포함 조건

CIF(Cost, Insurance and Freight) : 비용 + 보험료 + 선박운임 포함조건

CFR(Cost and Freight) : 운임 포함 조건

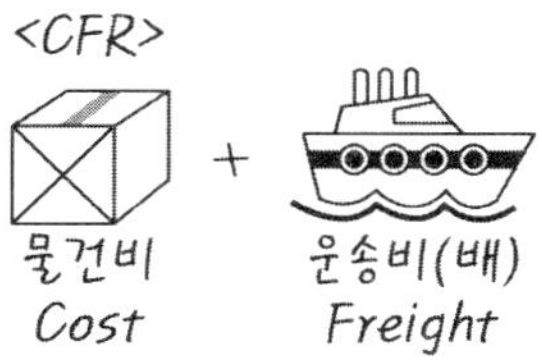

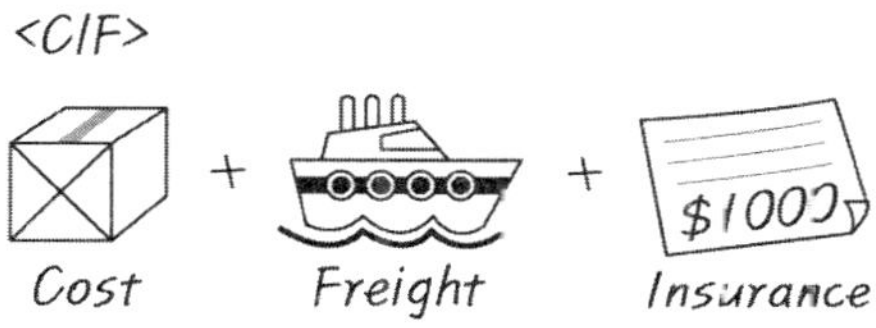

4) D 조건 : 도착지 조건

DAF(Delivered At Frontier) : 국경인도조건. 도착지 국경까지 책임

DES(Delivered Ex Ship) : 착선인도조건. 배에서 내릴 때까지 책임

DEQ(Delivered Ex Quay) : 부두인도조건. 부두에 하적까지 책임

DDU(Delivered Duty Unpaid) : 관세 미지급 인도조건

DDP(Delivered Duty Paid) : 관세 지급 인도조건

3 INCOTERMS 2010은 어떻게 달라졌나?

<table>
<tr><th colspan="2">Incoterms 2000</th><th colspan="2">Incoterms 2010</th></tr>
<tr><td>E 조건 : 출발지 조건</td><td>EXW</td><td rowspan="2">복합운송조건</td><td rowspan="2">EXW, FCA, CPT, CIP DAT, DAP, DDP</td></tr>
<tr><td>F 조건 : 운송비 미지급 조건</td><td>FCA, FAS, FOB</td></tr>
<tr><td>C 조건 : 특수비용 지급조건</td><td>CFR, CIF, CPT, CIP</td><td rowspan="2">해상운송조건</td><td rowspan="2">FAS, FOB, CFR, CIF</td></tr>
<tr><td>D 조건 : 도착지 조건</td><td>DAF, DES, DEQ, DDU, DDP</td></tr>
</table>

* D조건만 변화됨 : (1) 4종류 → 2종류로 축소 (2) 해상운송 → 복합운송으로 위치 변화

4 INCOTERMS 2010의 구체적 내용

1) D 조건 4종류가 2종류로 재정비됨

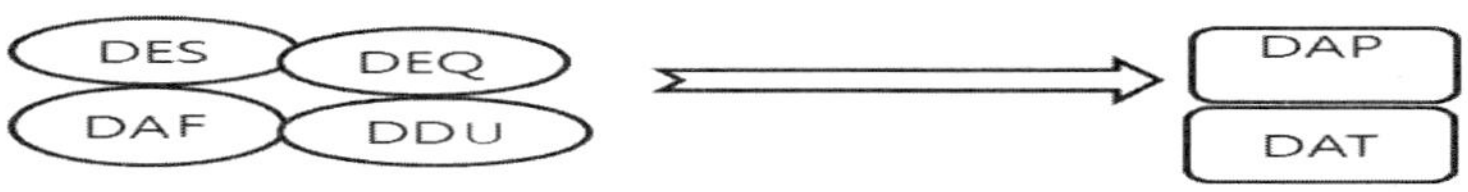

2) DAT(Delivered at Terminal)

목적지 지정 터미널 도착하여 수입통관을 하지 않은 조건
터미널이란 육상과 해상을 망라한 복합운송 모두 적용됨
과거 DEQ(부두인수조건)를 대체한 것
터미널에서 다른 장소로 옮기려면 DAP 또는 DDP를 적용함

3) DAP(Delivered at Place)

지정장소 도착 조건으로 물품을 "양하하지 않고" 인도하는 것
이전 DES(착선인도 조건)를 대체한 것. 운송방식에 무관함

4) DAP와 DAT 조건의 차이점

DAP는 "지정장소"에서 "양하하지 않고" 물품인도

DAT는 "지정 터미널"에서 "양하된 후" 물품인도

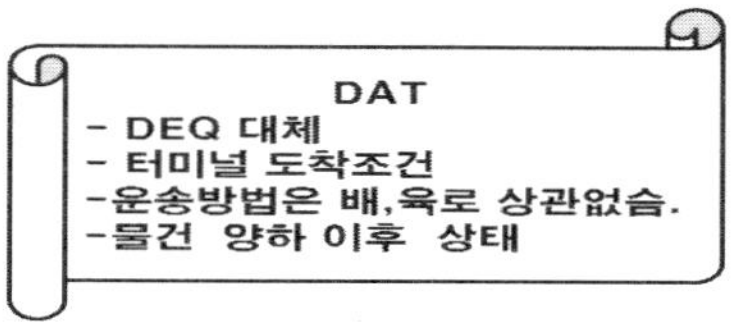

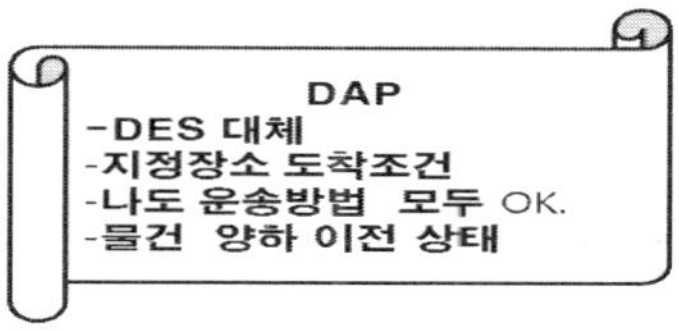

5) Incoterms 2010은 국내 및 국제 무역 거래를 위한 규칙으로 개정

과거 Incoterms 2000은 순수 국제 무역 거래를 위한 규칙이었으나 세계경제 불록화로 국경의 의미가 약화되고, 순수 국내 상거래에도 Incoterms 조건이 이용되는 실정을 고려하여 국내 및 국제 무역거래 규정으로 전환하였다.

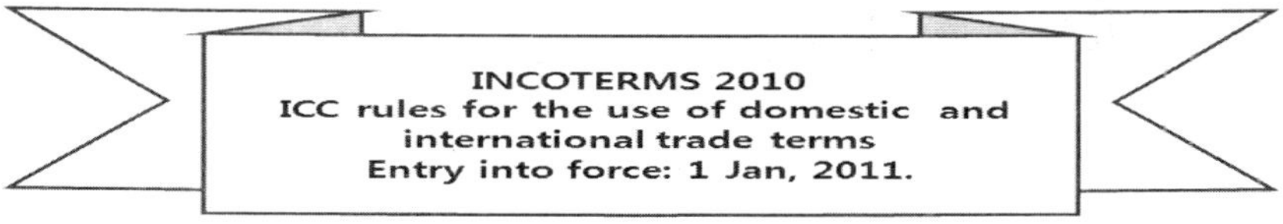

5 Incoterms 2010 기타 개정사항

1) "ship's rail"을 "on board"로 대치함

FOB, CFR, CIF 조건에서 언급된 배의 난간통과(ship's rail) 조건을 화물선박적재(on board)로 변경한다. 배에 화물이 선적되는 것이 현실에 맞기 떄문

2) 사용지침서(guidance note) 수록

세밀한 사용지침을 수록하여 각 조건의 정확한 거래 정보를 제공

3) 전자통신 서류(EDI)

전자서류와 일반서류 모두 동일한 효력 부여

4) 보험 정보제공의무

보험에 관한 의무규정을 명확히 하도록 함

5) 보안 관련 항목 도입

물품보안 계속성(chain-of-custody)에 의거 사건관련 증거서류 보관에 협력하도록 함

6) 터미널 취급 수수료 관련조항 추가

과거 애매했던 터미널 수수료 부담을 명확하게 할당하는 조항을 추가함

7) 연속매매 관련규정 도입(string sales)

상품이 운송 도중 매매되었을 경우 상품인도(procuring) 의무 조항을 추가함

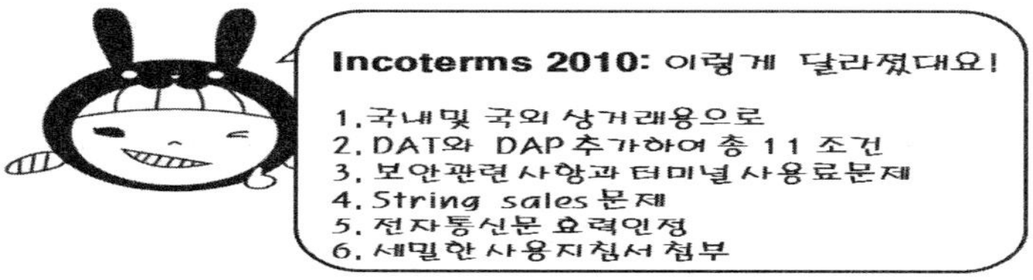

6 INCOTERMS 2010 핵심영문

1)

Incoterms 2010 : ICC rules for the use of domestic and international trade terms. The Incoterms rules explain a set of three-letter trade terms reflecting business-to-business practice in contracts for the sale of goods. The Incoterms rules describe mainly the tasks, costs and risks involved in the delivery of goods from sellers to buyers.

인코텀즈란 국내 및 국제 상거래를 위한 ICC 규칙이다. 인코텀즈 조건은 상품 매매 계약체결에서 상거래 시행을 반영하는 3 문자 무역 규칙 조항이다. 인코텀즈 약관은 주로 당사자의 책임, 비용부담, 위험부담 문제를 서술한다.

2)

The new rules make the Incoterms 2000 rules DES and DEQ superfluous. The named terminal in DAT may well be in a port, and DAT can therefore safely be used in cases where the Incoterms 2000 rule DEQ once was. Likewise, the arriving "vehicle" under DAP may well be a ship and the named place of destination may well be a port: consequently, DAP can safely be used in cases where the Incoterms 2000 rule DES once was.

DAT 조건은 Incoterms 2000의 DEQ 조건, DAP 조건은 DES 조건을 각각 보완하였다.

3)

Guidance Notes : The Guidance Notes explain the fundamentals of each Incoterms rule, such as when it should be used, when risk passes, and how costs are allocated between seller and buyer.

사용지침서(guidance note)는 매도자와 매수자간의 위험부담, 비용 관련 정보를 수록하였다.

4)

Now [Incoterms 2010] give electronic means of communication the same effect as paper communication.

전자통신문도 종이서류와 동일한 효력을 부여한다.

5)

Security-related clearances : The Incoterms 2010 rules have allocated obligations between the buyer and seller to obtain or to render assistance in obtaining security-related clearances, such as chain-of-custody information.

물증보관 연속성(chain-of-custody)과 같은 보안관련 협조를 매도자와 매수자의 책무에 부여하였다.

6)

String sales : The seller in the middle of the string therefore performs its obligations towards its buyer not by shipping the goods, but by "procuring" goods.

연속매매(string sales) 규정은 상품이 중도에 매매될 때 매도자는 선적이 아닌 조달(procuring) 의무를 이행하도록 하는 것이다.

7 Incoterms 2010의 11 조건 핵심

1)

EX Works : seller delivers when he places the goods at the disposal of the buyer at the seller's premises or another place (i.e. works, factory, warehouse, etc). This term thus represents the minimum obligation for the seller.

EXW는 공장, 작업장, 창고같은 구내에서 물품 인도하는 것. 매도자에게 최소부담 조건

2)

Free Carrier : the seller delivers the goods, cleared for export, to the carrier nominated by the buyer at the named places. Carrier is any person who, in contract of carriage, undertakes to perform or to procure the performance of transport by road, air, sea.

FCA는 운송인에게 상품을 인도하는 것

3)

Free Alongside Ship : the seller delivers when the goods are placed alongside the vessel at the port of shipment.

FAS 조건은 배 측면까지 상품을 인도하는 것

4)

Free On Board : the seller delivers when the goods are on board at the named port of shipment.

FOB 조건은 배에 화물을 선적하는 것

✿ 힌트 : 과거 ship's rail이 on board로 달라진 점 유의

5)

CFR : the seller must pay the costs and freight.

CFR은 비용과 선박 운임 포함조건

6)

CIF : the seller must pay the costs and freight. . . The seller also has to procure marine insurance.

CIF는 비용, 선박 운임, 보험료 포함조건

7)

CPT : the seller delivers to the carrier. The seller must in addition pay the cost of carriage.

CPT는 운송비 지급조건

8)

CIP : the seller delivers the goods to the carrier and pay the cost of carriage. The seller also has to procure insurance.

CIP는 운송비, 보험료 지급조건

9)

DAT : the seller delivers the goods at a named terminal at the named port or place of destination. However, the seller has no obligation to clear the goods for import, pay any import duty or carry out any import customs formalities.

DAT 조건은 육상과 해상운송 모두 적용되며 터미널까지 운반한다. 매도자는 관세의무 없다.

10)

DAP : the seller delivers when the goods are placed at the disposal of the buyer at the named place of destination. The seller bears all risks.

DAP 조건은 지정장소까지 상품을 인도하는 것. 매도자가 모든 위험을 부담함

11)

DDP : the seller delivers the goods to the buyer and has to bear all the costs including any duty.

DDP는 도착지까지 상품을 인도하고 관세의무도 부담함

기초 연습문제

01 INCOTERMS 2000 주요 용어 익히기

free carrier:	vessel:	insurance:
freight:	alongside ship(vessel):	any modes of transport :
duty paid:	delivered at terminal:	waterway transport:
delivery :	on board:	carriage:
destination:	ex :	premises:

02 INCOTERMS 2010 약어 정리

E & F Terms : 출발지 조건 / Main Carriage Unpaid(주임금 미지급 조건)

EXW : Ex ________________

FOB : Free _______________ Board

FCA : Free ________________

FAS : Free Along _______________

C Terms : Main Carriage Paid(제 비용 지급 조건)

CFR : Cost & ________________

CIF : Cost, ________________ & Freight

CPT : Carriage ________________ To

CIP : Carriage _________________ Paid

D Terms : 도착지 조건

DAT : Delivered At Terminal

DAP : Delivered At place

DDP : Delivered Duty ____________

03 Incoterms 2010 내용 익히기

1) Incoterms 2010에서 해상운송 조건을 나열하시오.

✿ 힌트 : B(board) S(ship) F(freight) 약어 찾기

2) Incoterms 2010은 과거 FOB, FAS, CIF, CFR 기준 "Ship's rail" 표현을 ________________ 로 대치함

3) 출발지 조건과 유일한 도착지 조건은?

4) 비용과 위험부담이 다른 조건은?

5) 매도자(seller)와 매수자(buyer)에게 각각 가장 유리한 조건은?

6) Incoterms 2010에서 전자문서는 일반문서와 (동등한, 별개의) 효력을 갖는다.

7) Incoterms 2010 : ICC rules for the use of (international, domestic and international) trade terms.

8) 다음 (a) (b)에 알맞은 Incoterms 2000 조건은?

The named terminal in DAT may well be in a port, and DAT can therefore safely be used in case where the Incoterms 2000 rule (a)___ once was. Likewise, the arriving "vehicle" under DAP may well be a ship and the named place of destination may well be a port: consequently, DAP can safely be used in cases where the Incoterms 2000 rule (b)__.

9) In the sale of commodity, cargo is frequently sold several times during transit "down a string". Incoterms 2010 rules include the obligation to "__________ goods shipped" as an alternative to the obligation to ship goods in the relevant Incoterms rules.
위 빈칸에 적절한 표현은? (procure, ship, send)

10) Incoterms 2010에 새롭게 추가된 사항이 아닌 것은?
a) guidance note　　b) Insurance cost
c) string sales　　d) security-related clearance

04 INCOTERMS 2010 영문 해석 연습

1) __________ means that the seller delivers the goods, cleared for export, to the carrier nominated by the buyer. __________ means any person who, in a contract of carriage, undertakes to perform or procure the performance of carriage by rail, road, sea, inland waterway or by a combination of such modes.

2) __________ means that the seller delivers when he places the goods at the disposal of the buyer at the seller's premises or another named place (i.e. works, factory, warehouse. This term thus represents the minimum obligation for seller.

3) __________ means that the seller delivers the goods to the carrier nominated by him. The seller must in addition pay the cost of carriage necessary to bring the goods to the named destination.

4) __________ means that the seller delivers when the goods are placed on board the vessel at the named port of shipment. This means that the buyer has to bear all costs and risks of loss of or damage to the goods from that point.

5) ____________ means that the seller delivers when the goods are placed alongside the vessel at the named port shipment. This term requires the seller to clear the goods for export. This term can be used only for sea or inland waterway transport.

6) _____________ means that seller delivers the goods on board the vessel or procures the goods already so delivered. The seller must contract for and pay the costs and freight necessary to bring the goods to the named port of destination.

7) ______________ means that the seller delivers the goods to the carrier or another person nominated. The seller must contract for and pay the costs of carriage and insurance cover against buyer's risk of loss or damage during the carriage.

8) _______________ means that the seller delivers when the goods are placed at the disposal of the buyer on board the vessel. The seller must contract for and pay the costs, freight to bring the goods to the named port of destination. The seller also pays insurance cover against buyer's risk of loss or damage.

9) _______________ means that seller delivers the goods to the buyer at the named place of destination. The seller has to bear all the costs and risks including any duty in the country of destination. The term represents the maximum obligation.

10) ___________ means that the seller delivers the goods at a named terminal at the named port or place of destination. Terminal includes any place such as a quay, warehouse, container yard or rail or air cargo terminal. If the seller bears the risks and costs from the terminal to another place, the DAP or DDP rules should be used.

11) ____________ means that seller delivers the goods at the named place of destination ready for unloading. The seller bears all risks and clear the goods for export. If the seller carry out any import customs formalities, the DDP should be used.

▮해답▮ Unit 2 연습문제(Incoterms 2010)

1.

free carrier : 운송인	vessel : 배	insurance : 보험료
freight : (선박)운임	alongside ship(vessel) : 배 측면	any modes of transport : 복합운송
duty paid : 관세지급	delivered at terminal : 터미널인도	waterway transport : 해상운송
delivery : 인도	on board : (배에)적재	carriage : 운송
destination : 도착지	ex : ~로부터	premises : (공장) 구내

2. E & F terms : (Works/On/Carrier/Ship)
C terms : (Freight/Insurance/Paid/Insurance)
D terms : (Paid)

3. 1) FAS, FOB, CFR, CIF
* 힌트 : Freight(해상운임) Ship(선박) Board(선상)이 포함된 것
2) on board
3) 출발지 조건 : E, F, C 조건, 도착지 조건: D 조건
4) C 조건
5) 매도자에게 유리 : EXW, 매수자에게 유리 : DDP
6) 동등한
7) domestic and international
8) a) DEQ b) DES
9) procure
10) b)

4. 1) FCA, Carrier 2) EXW 3) CPT 4) FOB
5) FAS 6) CFR 7) CIP 8) CIF 9) DDP
10) DAT 11) DAP

실전문제

01 ________ means that the seller delivers the goods, cleared for export, to the carrier nominated by the buyer at the named place.

1) Carrier
2) Delivery
3) Ex Works
4) Free Carrier

02 ________ means that the seller delivers when the goods are placed alongside the vessel at the named port of shipment.

1) Free on Board
2) Free alongside Ship
3) Free Carrier
4) Free Loader

03 As a multimodal condition, ______ represents the minimum involvement of the seller and maximum involvement of the buyer in the movement of the goods from the point of works.

1) DAP
2) DDP
3) DAF
4) EXW

04 If the buyer wish to make sellers responsible for the arrival of the goods at destination at a particular time, ______ should be used instead of ______.

1) D – terms, C – terms
2) C – terms, D – terms
3) C – terms, F – terms
4) F – terms, C – terms

05 ______ means that the seller delivers the goods to the buyer, cleared for import, and not unloaded from any arriving means of transport at the named place of destination.

1) Delivery of the goods
2) Destination on board
3) Delivered duty paid
4) Delivered at place

06 "Ex Works" means that the seller delivers when he places the goods at the disposal of the buyer at the seller's premises or another named place ______.

1) cleared for export and loaded on any collecting vehicle
2) not cleared for exports and not loaded on any collecting vehicle
3) not cleared for export and loaded on any collecting vehicle
4) cleared for export and not loaded on any collecting vehicle

07 Drafts must be accompanied by the following documents :
- Marine insurance policy
- Full set of clean on board ocean bills of lading marked freight prepaid

1) FOB
2) CIF
3) CFR
4) FAS

08 We would appreciate receiving your best CIF Chicago on women's shirts as well as several samples.

1) 여성용 셔츠의 견품 몇 점은 물론 시카고 운임 및 보험료 포함 최저가격을 보내주시면 감사하겠습니다.
2) 여성용 셔츠의 견품 몇 점은 물론 시카고 도착 운임 포함한 최저가격을 보내주시면 감사하겠습니다.
3) 여성용 셔츠의 견품 몇 점은 물론 시카고 도착 운임 및 보험료 포함 최고가격을 보내주시면 감사하겠습니다.
4) 여성용 셔츠의 견품 몇 점은 물론 시카고 도착 운임 포함 최고가격을 보내주시면 감사하겠습니다.

09 선적일과 만기일을 각각 25일씩 연장시켜 주시고 신용장상에 문언을 '부산 본선 인도 가격'을 '나고야 항까지 운임포함가격조건'으로 정정해 주세요.

1) Please extend the shipping date and valid date for 25 days respectively, and correct a word 'FOB Busan' to 'CPT Nagoya' on your credit.
2) Please extend the shipping date and expiry date for 25 days respectively, and amend a word 'FOB Busan' to 'CFR Nagoya' on your credit.
3) Please extend the shipping date and valid date for 25 days each, and correct a word 'FOB Busan' to 'CPT Nagoya' on your credit.
4) Please extend the shipping date and expiry date for 25 days respectively, and amend a word 'DAT Busan' to 'CFR Nagoya' on your credit.

10 무역계약 당사자가 다음과 같은 내용으로 거래하고자 한다면 다음 중 가장 바람직한 것은?

> "The seller places the goods at the disposal of the buyer at the seller's premises or another named place not cleared for exports and not loaded on any collecting vehicle."

1) EXW
2) FOB
3) CIP
4) DAP

11 다음 중 용어의 설명이나 내용이 틀린 것은?

1) CIF term can be used not only for sea but also any other mode of transport.
2) CIF means that the seller must pay the costs and freight necessary to bring the goods to the named port of destination.
3) FOB means that the buyer must obtain at his own risk and expense any import licence.
4) FOB term requires the seller to clear the goods for export.

12 다음 문장의 괄호 안에 들어갈 적합한 단어나 구를 고르시오.

Under the (   ) and (   ) terms the seller also has to take out insurance and bear the insurance cost. Since the point for the division of costs is fixed at a point in the country of destination.

1) CIF — CPT
2) FOB — CIF
3) CIF — CIP
4) CFR — CPT

13 다음 중 빈칸에 맞지 않는 Incoterms 2010 조건은?

The number of Incoterms rules has been reduced from 13 to 11. This has been achieved by substituting two new rules that may be used irrespective of the agreed mode of transport - DAT, Delivered at Terminal, and DAP, Delivered at Place - for the Incoterms 2000 rules ______________.

1) DES
2) DAF
3) DEQ
4) DDP

14 다음 문장의 괄호 안에 들어갈 알맞은 말을 순서대로 나열한 것은?

> Incoterms 2010 : ______ rules for the use of ________ trade terms.

1) UCP — global
2) URC — worldwide
3) ICC — international
4) ICC — domestic and international

15 다음 지문의 설명이 가장 옳지 않은 것은?

1) "EX Works" means that the seller delivers when he places the goods at the disposal of the buyer at the seller's premises or another named place not cleared for export and not loaded on any collecting vehicle.
2) "Free Carrier" means that the seller delivers the goods, cleared for export, to the carrier nominated by the buyer at the named place.
3) "Free Alongside Ship" means that the seller delivers when the goods are place alongside the vessel at the named port of shipment.
4) "Free On Board" means that the seller delivers when the goods are placed above the board of the ship at the named port of shipment.

✿ 힌트: "above board"와 "on board"를 구별할 것

▌해답▌ Unit 2 실전문제(INCOTERMS 2010 용어 정리)

1. 4)	2. 2)	3. 4)	4. 1)	5. 3)
6. 2)	7. 2)	8. 1)	9. 2)	10. 1)
11. 1)	12. 3)	13. 4)	14. 4)	15. 4)

■ 쉬어가는 페이지(계약. 인코텀스) ■

CARRIER	DDP	COUNTER	EXW	CLEAR
BOARD	CPT	FIRM	CAPACITY	RAIL
UNPAID	CIF	ANY	INCOTERMS	
QUAY	ALONGSIDE	FREIGHT	CARRIAGE	

* 해답은 기출문제 끝(p.295)에 있음 *

➢ 다음 빈칸에 맞는 용어를 위 보기에서 고르시오.

1. _____ means any person who, in a contract of carriage, undertakes to perform or to procure the performance of carriage by rail, road, air, sea, or by combination of such modes.

2. Free On ____ means that seller delivers when the goods are placed on the board the vessel nominated by the buyer at the named port of shipment.

3. Delivered Duty ____ means that seller delivers the goods to the buyer, not cleared for import at the named place of destination. The seller has to bear the costs and risks involved in bringing the goods thereto, other than, any duty. In Incoterms 2010, this term is replaced by DAP.

4. Delivered Ex _____ means that the seller delivers when the goods are placed at the disposal of the buyer not cleared for import on the quay(wharf). In Incoterms 2010, this term is replaced by DAT.

5. __________ : minimum obligation for the seller

6. __________ : maximum obligation for the seller

7. ________ means that the seller delivers the goods nominated by him but the seller must in addition pay the cost of carriage necessary to bring the goods to the named destination.

8. _____ means that the seller delivers the goods on board the vessel. The seller must pay the costs and freight necessary to bring the goods to the named port of destination. The seller also has to procure marine insurance against the buyer's risk of loss of or damage to the goods.

9. FAS means Free ______________ Ship(Vessel)

10. 확정청약 : ___________ Offer

11. 반대청약 : ___________ Offer

12. Three basic elements of credit inquiry : Capital, Character, and _________.

13. 복합운송 : __________ mode of transport

14. (선박) 운임료 : __________

15. 운송비 : __________

16. 수입수속을 하다 : ________ for import

17. 배의 난간 : Ship's ________

18. _______ is ICC rules for the use of domestic and International trade terms.

Unit 03 운송

자신을 지키는 교훈

1. 스스로 초연하게 지내라.
2. 타인에게 온화하게 대하라.
3. 한가할 때 마음을 맑게 하라.
4. 일을 당할 때 용감하게 대처하라.
5. 성공했을 때 담담하게 행동하라.
6. 실패했을 때 태연하게 행동하라.

〈경주 최부자 가문의 육연〉

Unit 03

운 송

1 운송의 종류(해상운송과 복합운송)

1) 해상운송

선박을 통한 운송을 의미

※ 복합운송(multimodal transportation) : 두 개 이상 운송수단을 이용하는 것으로 보통 컨테이너 운송을 지칭함

2) 운송의 명칭

해상운송 : "fishy" back

육상운송 : "piggy" back

항공운송 : "birdy" back

Fishy back

Piggy back

Birdy back

2 해상운송의 종류

1) 정기선(Liner)

정해진 항로로 운항함

정해진 운임을 적용하며 일반적으로 부정기선보다 운임비가 높음

공산품, 고가품 등 운임 부담률이 낮은 화물 수송에 이용됨

예) P&O Ocean liner 해운회사

2) 부정기선(Tramper)

개별계약에 의해 부정기적으로 운항되므로 비용이 저렴함

배를 빌리는 방식에 따라 운송형태가 달라짐

곡물이나 광물 등 대량 산적화물(bulk)에 이용됨

전부 용선(Whole Charter) : 배를 온전히 빌리는 것

항해용선계약(Voyage Charter) : "운행 거리"로 계약. 일반적인 수출입 운송계약

정기용선계약(Time Charter) : "기간" 단위로 계약

나용선(Demise Charter/Bare Boat Charter) : 선원과 장비는 제외하고 배만 빌림

✿ 힌트 :

- demise란 "권리양도" 뜻. 배 임대 후 계약 만료되면 소유권이 빌린 사람에게 이전되기 때문임
- bare란 "벌거벗은" 뜻. 장비와 선원을 빼고 선박만 "벌거숭이"로 빌리는 것

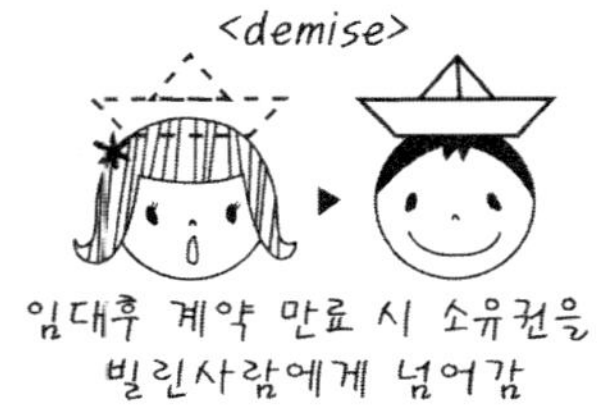

3 운송요금 계산방식

1) 기본 운임

중량이나 용적에 따라 운임 폭이 큰 것으로 운임을 정함

운임톤(Revenue Ton, R/T) : "톤"이 운임계산의 기준
종가운임(Ad valorem) : 중량이 아닌 "가격"이 운임계산 기준
예) 보석이나 예술품과 같은 고가품 운반에 이용
valorem이란 "value"(가격)

2) 총괄운임(Lump-sum Freight)

중량과 상관없이 운행횟수가 기준

✿ 힌트 : lump란 덩어리! 짐 꾸러미가 몇 번 운행되는가로 계산하는 방식

3) 비율운임(Pro Rata Freight)

부정기선에서 많이 이용하는 운행 비율 계산 방식
중도에 운송을 할 수 없는 경우 그 때까지 이행한 운송비율에 따라 계산하는 것

4) 부적운임(Dead Freight)

계약 화물을 모두 싣지 못했을 경우 지불하는 운임

5) 반송운임(Back Freight)

반송되는 화물 운임, 즉 반송료

4 하역비 계약조건

하역비 또는 적양비란 짐을 오르고 내리는 비용 모두를 말한다.
Berth Term(Liner Terms) : 배 주인이 모두 부담하는 것. 정기선에서 많이 쓰임
Berth란 부두 "접안소", 정기선 정박시키는 곳

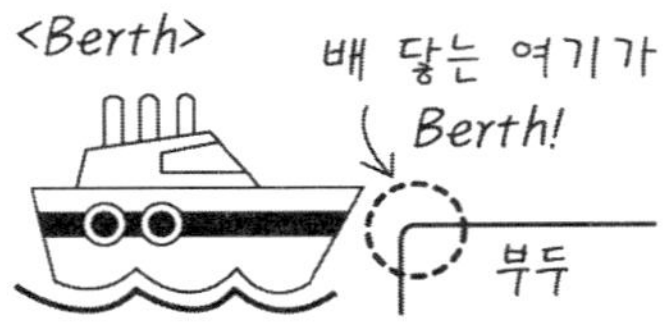

FI(Free In) : 선적할 때 용선자, 즉 화물주인이 부담, 하역할 때는 배주인이 부담
배주인 입장에서 들어오는 화물 선적비가 무료(free in)

FO(Free Out) : 하역할 때 용선자 부담. 배주인 입장에서 화물 하역비가 무료(free out)

FIO(Free In & Out) : 화물주가 선적할 때와 내릴 때 모두 부담하므로 선주에게는 화물선적비(in)와 하역비(out) 모두 무료

FIOST(Free In, Free Out, Stowed, Trimmed) : 선적비용 외 정리비용도 선주에게 무료

✿ 힌트 : 헷갈리나요? 운송에 관한 것이므로 배주인(선주) 입장에서 계산하는 것이 포인트
– 배 소유자 입장에서 FI는 배에 오를 때(in), FO는 내릴 때(out). FIO는 배에 오르고 내릴 때 모두 무료다. 그러나 원래 규정대로 운행하는 정기선은 배주인이 모두 책임져야 하는 Berth Term이다.

5 배가 항구에 머무는 정박일(laydays) 계산법

자동차 주차요금과 같이 배가 항구에 머무는 기간에 따라 조출료와 체선료를 지불해야 함

정박기간(Laydays) : 배가 화물을 하역하여 적재하기까지 항구에 머물 수 있는 기간

조출료(Dispatch Money) : 하역이 "조속히" 끝났을 경우 받는 돈

체선료(Demurrage) : 하역이 "지체"하여 내는 벌금

6 배의 정박기간은 어떻게 정하는가?

Running Laydays : 무조건 날짜별로 계산하는 방식
하역이 불가능한 날과 축제일도 포함시켜 계산하는 방식
Weather Working Days(WWD) : 악천후는 제외하고 작업 가능 날짜만 계산하는 방식
Customary Quick Dispatch(CQD) : 현지 실정과 항구 관행에 따라 계산하는 방식
Sundays and Holidays Except(SHEX) : 일요일과 공휴일 제외하고 계산하는 방식
Sundays and Holidays Excepted Unless Used(SHEXUU) : 일요일과 공휴일도 작업을 했으면 계산하는 방식

7 운임은 어떻게 결정하나요?

1) 계약운임제(Contract Rate System/Dual Rate System)

계약한 화물주에게는 특별 할인가를, 일반 화물주에게는 정가를 적용하는 이중제도

2) 성실할려제(Fidelity Rebate System)

6개월 이상 이용한 단골 화물주에게 운임을 반환해 주는 rebate 제도
즉, 단골 고객에게 장려금을 지급하는 단골우대제

3) 운임연환급제(Deferred Rebate System)

6개월 단골 + 추가 6개월 이용할 고객에게 장려금을 돌려주는 것
deffered란 "연장" 즉 연장 단골우대제로서 미래 단골들에게 장려금을 주는 것
해운업계 입장에선 화물주를 구속하는 수단이 되기도 함

4) 운임은 언제 지불하나요?

선불의 경우 : CIF, CFR
후불의 경우 : FAS, FOB

5) 컨테이너 사이즈 문제

컨테이너 규격은 20피트와 40피트 두 종류

- 20피트 = TEU = Twenty Foot Equivalent Unit = 33CBM
- 40피트 = FEU = Forty Foot Equivalent Unit = 67CBM

✿ 힌트 : 컨테이너는 퇴폐(TEU FEU) !

FCL = Full Container Load. 컨테이너에 짐이 꽉 찬 경우

LCL = Less than Container Load. 컨테이너 여분 공간에 여러 화물을 모아 채우는 것

화물업자는 화물 조작장(CFS : Container Freight Station)에서 화물을 모아 컨테이너 야적장(CY : Container Yard)으로 운반함

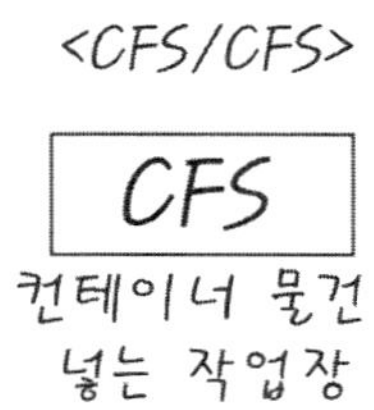

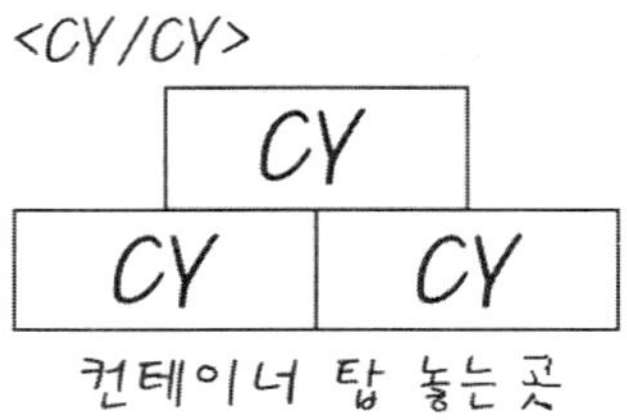

6) 컨테이너 화물의 운송형태

1) CY/CY : door to door 방식
2) CY/CFS/LCL : door to pier 방식
3) CFS/CY : pier to door 방식
4) CFS/CFS : pier to pier 방식

✿ 힌트 : CY = Container Yard. 컨테이너 꽉 채워 마당에 놓은 곳. 그대로 집까지 배달하므로 "to door"

CFS = Container Freight Station. 화물 작업하는 야적장, 즉 컨테이너 작업장이 있는 부두까지이므로 "to pier"

7) 선박 톤수(tonnage)

총톤수(Gross Tonnage : G/T) : 선체의 총 용적

순톤수(Net Tonnage : N/T) : 총톤수에서 기관실이나 선원실을 제외한 용적톤수

8 부지약관(Unknown Clause)

선박회사는 내용물에 대해 책임이 없다는 조항. 선하증권이나 부두 수취증(Dock Receipt)에 기입하고 은행은 부지약관이 기재된 운송서류를 수리한다.

9 운송 관련 영문

1) 총괄운임제(Lump-sum Charter)

Freight charges are fixed not based upon freight per ton, but based upon fixed freight charges per voyage, irrespective of whether the shipper uses the hired space to full capacity or loads below capacity or does not load at all.

2) 조출료와 체선료(Dispatch & Demurrage money)

Should the number of laydays be exceeded the charterer must pay demurrage; should the work be completed in less than number of days allowed, he receive dispatch money.

연습문제

01 컨테이너를 가득 채웠으면?

a) FCL　　b) LCL

02 컨테이너를 다 못 채웠으면?

a) FCL　　b) LCL

03 컨테이너를 가득 채워 운송하는 방식

a) CY　　b) CFS

04 컨테이너를 야적장에서 타 화물과 혼합하여 운송하는 방식

a) CY　　b) CFS

05 20피트 길이 컨테이너

a) FEU　　b) TEU

06 40피트 길이 컨테이너

a) FEU　　b) TEU

07 화물을 선적하지 않았어도 지불하는 요금

a) dead freight
b) back freight

08 선적 화물 반송 요금

a) dead freight
b) back freight

09 선적 화물 보내는 사람

a) consignor
b) consignee

10 선적 화물 수취인

a) consignor
b) consignee

11 정기선

a) liner
b) tramper

12 부정기선

a) liner
b) tramper

13 선원이나 장비는 빼고 배만 빌리는 것

a) demise charter
b) whole charter

14 배를 통째 빌리는 것

a) demise charter
b) whole charter

15 선주가 모든 경비 부담하는 것

a) FI
b) FO
c) FIO
d) Berth Terms

16 실을 때 화물주, 내릴 때 선주가 비용부담

a) FI b) FO
c) FIO d) Berth Terms

17 실을 때 선주, 내릴 때 화물주가 비용부담

a) FI b) FO
c) FIO d) Berth Terms

18 실을 때와 내릴 때 모두 화물주가 부담

a) FI b) FO
c) FIO d) Berth Terms

19 모든 날짜 비용 계산방식

a) Running Days b) Weather Working Days
c) Customary Quick Dispatch

20 작업불가능 날짜는 빼고 비용 계산 방식

a) Running Days b) Weather Working Days
c) Customary Quick Dispatch

21 현지 관행을 따르는 비용 계산법

a) Running Days b) Weather Working Days
c) Customary Quick Dispatch

22 배가 항구에 머무는 기간대로 계산

a) Laydays b) Dispatch money c) Demurrage money

23 예상보다 일찍 끝났을 때 돌려주는 돈

a) Laydays b) Dispatch money c) Demurrage money

24 예정보다 오래 걸릴 때 지체요금

a) Laydays b) Dispatch money c) Demurrage money

25 계약한 대로 요금 계산

a) Contract rate b) Fidelity rate c) Deferred rate

26 6개월간 단골고객에게 주는 특별장려금 지급제

a) Contract rate b) Fidelity rate c) Deferred rate

27 6개월 단골 + 미래 6개월 단골 고객을 위한 특별장려급 지급제

a) Contract rate b) Fidelity rate c) Deferred rate

해답 Unit 3 연습문제(운송)

1. a)	2. b)	3. a)	4. b)	5. b)
6. a)	7. a)	8. b)	9. a)	10. b)
11. a)	12. b)	13. a)	14. b)	15. d)
16. a)	17. b)	18. c)	19. a)	20. b)
21. c)	22. a)	23. b)	24. c)	25. a)
26. b)	27. c)			

실전문제

01 (　　) means any person, in a contract of carriage, undertakes to perform or to procure the performance of transport, by rail, road, air, sea, inland waterway or by a combination of such modes.

1) Shipper　　2) Carrier
3) Carriage　　4) Consignor

02 If the charter uses less time, thereby saving time for the ship owner, he may be paid for this in the form of so-called (　　　　).

1) demurrage　　2) freight
3) dispatch money　　4) penalty

03 If you find your cargo defective on the verge of shipment, you will have to tender (　　　　) to the shipping company to get a clean bill of lading.

1) shipping request　　2) letter of indemnity
3) letter of guarantee　　4) letter of compensation

04 Should the number of (   ) be exceed the charter must pay (   ); should the work be completed in less than number of days allowed, he receive (   ).

1) laydays – demurrage – dispatch money
2) running days – dispatch money – demurrage
3) laydays – dispatch money – demurrage
4) shipping days – demurrage – dispatch money

05 A (   ) is one which bears no clause or notation which expressively declares a defective condition of goods and/or the packaging.

1) insurance document
2) transport document
3) clean transport document
4) partial transport document

06 (   ) means unloading and reloading from one vessel to another vessel during the course of ocean carriage from the port of loading to the port of discharge stipulated in the Credit.

1) Transferable Credit
2) Carrier
3) Consignor
4) Transshipment

07 When a transportation contract under the (   ) terms is arranged, loading costs are for account of shipowner while unloading costs are paid by shipper.

1) FO
2) FI
3) FIO
4) Berth term

08 An association of shipowning lines that operate on a specific route. Standard tariff rate are fixed.

1) Tramper
2) Regular Line
3) Non-Conference Line
4) Conference Line

09 What is an arrangement between a person who rents use of a vessel and a shipowner to hire a vessel for a period of time or for a single voyage?

1) Sales Contract
2) Charter Party
3) Carriage Contract
4) Forwarding Contract

10 Tramper와 관계있는 것은?

1) Non-conference line
2) Conference line
3) Regular line
4) Liner service

11 부지약관선하증권(Unknown Clause B/L) 설명 중 잘못된 것은?

1) 부지약관은 원칙적으로 수리가 거절된다.
2) "shipper's load and count"라는 문구의 부지약관이 표시되어 있는 선하증권은 자동 수리된다.
3) 부지약관 선하증권은 원칙적으로 수리되는 서류이다.
4) "said by shipper to contain"이라는 문구의 부지약관이 표시되어 있는 선하증권은 자동수리된다.

12 다음 지문과 관련이 깊은 것을 고르시오.

> A liquidated penalty owed by a charterer to a shipowner for the charterer's failure to load or unload cargo by a certain time.

1) Laydays
2) Demurrage
3) Laytime saved
4) Dispatch money

※ 지문 설명과 관련이 있는 것을 고르시오.(13~15)

13

Freight charges are fixed not based upon freight per ton, but based upon fixed freight charges per voyage, irrespective of whether the shipper uses the hired space to full capacity or loads below capacity or does not load at all.

1) Bareboat Charter
2) Time Charter
3) Daily Charter
4) Lump-sum Charter

14

Chartering term whereby the charterer of a vessel under voyage charter agrees to pay the costs of loading/discharging the cargo.

1) Liner Terms
2) Free In and Out
3) Free in
4) Free Out

15

A sum agreed by the charterer of a ship to be paid to the shipowner as liquidated damages for the delay beyond a stipulated or reasonable time for loading or unloading.

1) Demurrage
2) Delay Charge
3) Penalty Fee
4) Freight Charge

16 다음 지문의 설명과 관련이 있는 것을 고르시오.

Transportation of truck, trailers, and containers on specially equipped railroad flatcars is called (   ).

1) multimodal transportation
2) birdy back
3) piggy back
4) fishy back

17 다음 지문의 설명과 관련이 있는 것은?

Under this charter party usually found in shot sea trade, the shipowner is responsible for lading, stowing and discharging the cargo.

1) Liner Terms
2) Lumpsum Charter
3) Net Terms
4) FIO Charter

18 다음 중 내용이 틀린 것은?

1) In berth term or liner term, the owners are to bear the payment of stevedores and winchmen in the loading and discharging operations.
2) The insurer is not liable for any loss attributable to the wilful misconduct of the assured.
3) All shipments of live animals must be accompanied by a certificate of quality issued by relevant authorities.
4) A clean transport document is one which bears no superimposed clause or notation which expressly declares a defective condition of the goods and/or the packaging.

19 Tramper란?

1) Vessel that does not operate along definite route on fixed schedule, but call at any port where cargo is available.
2) Vessel that operates along definite route on fixed schedule, but does not call at any port where cargo is available.
3) Airplane that does not operate along definite route on fixed schedule, but call at any port where cargo is available.
4) Airplane that operates along definite route on fixed schedule, but does not call at any port where cargo is available.

20 다음에 해당되는 운송은?

A transport documents that covers both domestic and international flights transporting goods to a specified destination. It is a non-negotiable instrument of transport that serves as a receipt for the shipper, indicating that the carrier has accepted the goods listed therein and obligates the carrier to carry the consignment to the airport of destination according to specified conditions. It is not a title document.

1) Air waybill
2) roadway Bill
3) Post Receipt
4) Ocean Bill of Lading

▌해답▌ Unit 3 실전문제(운송)

1. 2)	2. 3)	3. 2)	4. 1)	5. 3)
6. 4)	7. 1)	8. 4)	9. 2)	10. 1)
11. 1)	12. 2)	13. 4)	14. 2)	15. 1)
16. 3)	17. 1)	18. 3)	19. 1)	20. 1)

Unit 04 선하증권

기회

Strike the Iron While It is Hot. 〈영국 속담〉

(쇠는 뜨거울 때 두드려라)

Make Your Iron Hot By Striking. 〈헤밍웨이〉

(두들겨서 쇠를 뜨겁게 만들어라)

Unit 04

선하증권(Bill of Lading)

1 선하증권이란?

선하증권이란 화물 운송을 맡은 배 주인이 약속한 사람에게 잘 전달하겠다는 일종의 약정서로 화물수령증(receipt of goods)이다. 즉 화물 운송을 담당하는 "송화인(consignor)" 요청으로 위탁받은 화물을 "선의의 증권 소지인(bona-fide holder)"에게 인도할 것을 약속한 일종의 유가증권이다. 단순한 화물 인수증은 본인이거나 본인임을 입증해야 처분할 수 있지만 선하증권은 화물 인수권리증이기 때문에 자유롭게 유통되며 양도할 수 있다.

2 왜 선하증권이 필요한가?

1) 운송인 입장

물건을 인수했다는 영수증, 즉 화물 수취증(Receipt for the Goods)이 필요함

2) 운송인과 화물주 사이

운송계약 체결의 증거서류가 필요함

3) 물건 주인 또는 선의의 소지인

화물에 대한 권리를 타인에게 양도할 수 있음

✿ 힌트 : 선하증권인가? 선화증권인가?
무역 실무자는 선하증권, 해상법에서는 선화증권으로 표기한다고 함
그러나 공식 영어 명칭은 모두 Bill of Lading, B/L로 표기하니 결국 동일한 것

3 선하증권은 어떻게 발행되나?

1) 배에 선적을 요청한다(Shipping Request)
2) 부두 수취증을 발급한다(Dock Receipt, D/R) 발급
3) 배에 선적 명령을 내린다(Shipping Order, S/O)
4) 본선 수취증을 발급한다(Mate's Receipt, M/R)
5) 화물을 인수했다는 선하증권을 발행한다(Bill of Lading, B/L)

<배에 화물 싣는 순서>

✿ 힌트 : 배에 화물 싣는 순서로 이해할 것
1) 배에 싣도록 요청 : "shipping request"
2) 항구에서 접수증 발급 : "dock's receipt"
dock란 부두, 항구

3) 배에 올리라고 지시 : "shipping order"
4) 배에서 접수증 발급 : "mate's receipt"
mate란 항해사. 배에서 항해사가 접수증을 발급해 줌
5) 화물을 받았으니 증서 발행 : "Bill of Lading"

4 선하증권의 특성은?

1) 운송계약에 의거한 요인증권
2) 필요한 사항을 기재한 요식증권
3) 화물을 인수할 권리가 있는 채권증권
4) 증권 소지한 사람이 운송중 화물의 권리를 양도할 수 있는 유통성 증권
5) 자금회전을 위해 처분이 가능한 처분증권

5 선하증권은 어떻게 생겼나요?

1) 보통 원본포함 3장 발행함

은행에 현금화시킬 때는 꼭 원본을 포함하여 3장 전통을 제시해야 함
위조 방지를 위해 하나라도 사용되면 무효처리함

2) 필수 사항은 꼭 기재해야 한다.

꼭 기재해야 할 사항 : 선적항, 선박명과 국적, 물품 명세, 중량, 용적 및 포장갯수, 화물의 화인, 운임, 선하증권 발행 부수, 선하증권의 작성지, 작성 연월일

임의 기재사항 : 선하증권번호, 본선 항해번호, 화물 착화 통지처(Notify Party) 운임 지급지, 환율

✿ 힌트 : 화물운송에 중요한 사항은 필수, 그러나 증권번호, 환율, 장소 등은 크게 중요하지 않으므로 임의사항

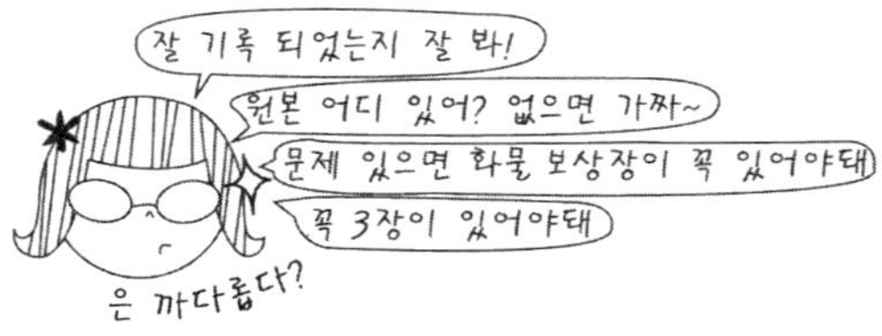

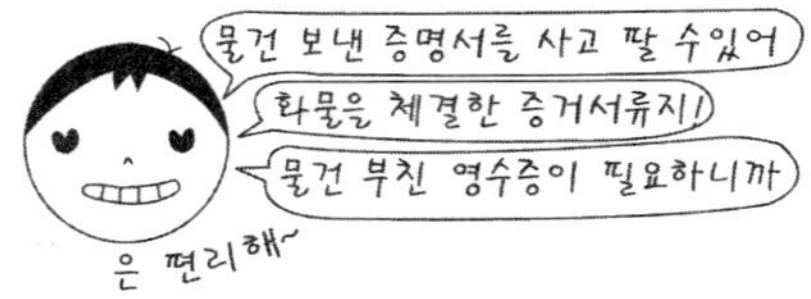

6 선하증권의 종류

1) 기명식 선하증권(Straight B/L)

특정인을 수화인으로 기재한 것

화물받는 특정인이 기재되어 유통이나 전매가 안 됨

✿ 힌트 : 특정인에게 "straight"로 가기 때문에 딴사람은 쓸 수 없는 이름표가 붙은 B/L

2) 지시식 선하증권(Order B/L)

나중에 특정인을 지정할 수 있는 일반적 선하증권

일종의 무기명 채권이기 때문에 마음대로 유통이 가능하다.

서류는 항공편으로 빨리 도착하나 화물은 배로 운송되어 시일이 소요되기 때문에 금융 결제상 무기명식이 널리 유통된다. "To order XX"라는 서명자 지시(order)에 따라 사용가능한 것

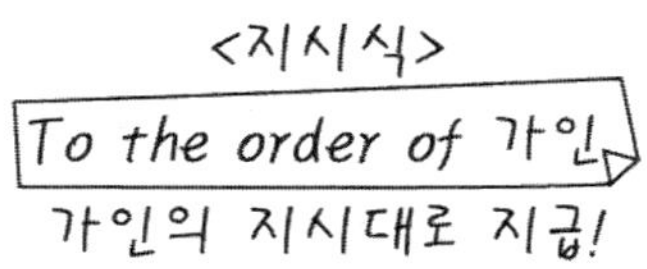

3) 사고선하증권(Dirty/Foul, Claused B/L)

하자가 있는 선하증권으로 파손화물 보상장(Letter of Indemnity, L/I)을 첨부해야 함

4) 적색선하증권(Red Clause B/L)

선하증권과 보험증권 결합형으로 사고시 보상함

5) 기간경과 선하증권(Stale B/L)

발행 후 21일이 지나서 수리할 수 없는 것

stale이란 "음식이 상했다" 뜻, 즉 시일경과로 못쓰게 된 선하증권

6) 집단 선하증권(Groupage B/L)

혼합한 화물의 대표에게 한장을 발행하는 것으로 "Master B/L"이라고 함

반대로 화주 개인별로 발행하는 "House B/L" "Baby B/L"이 있음

7 선하증권과 화물 운송장의 차이점

해상화물과 항공화물 운송장은 기명식, 즉 이름이 기재되어 전매나 유통이 안 된다. 그러나 선하증권은 무기명식 유가증권이기 때문에 자유롭게 사고 팔 스 있다.

1) 해상화물 운송장(SWB : Seaway Bill)

해상화물을 전매할 필요가 없으면 선사(배주인)가 발급한 해상화물 운송장을 사용한다.

2) 항공화물 운송장(AWB : Airway Bill)

항공화물 운송장 역시 유통성 없다. 물건 보내는 사람이 작성한다.

✿ 힌트 : 항공이나 해운 운송장은 화물이나 택배증명서와 같이 사고팔 수 없다.

8 정박기간(Laydays)은 어떻게 계산하나?

WWD(Weather Working Days) : 실제 작업 가능한 일만 계산하는 방식
날씨가 나빠 하역 작업이 힘든 날을 제외함

Running Laydays : 모든 날짜를 계산하는 방식

Customary Quick Dispatch : 현지 관행에 따라 계산하는 방식

SHEX(Sundays and Holidays Excepted) : 일요일과 공휴일 제외하고 계산하는 방식

✿ 힌트 : 공휴일날 "쉬었-수(shex)" !

SHEXUU(Sundays and Holidays Excepted Unless Used) : 일요일과 공휴일도 작업 안했으면 계산하지 않는 방식

9 중량단위

1) 1톤의 크기 : 나라별로 조금씩 틀리다.

Long Ton(English Ton) : 1,016kg

Metric Ton(French Ton) : 1,000kg

Short Ton(American Ton) : 907kg

Gross : 12 × 12

Small gross : 12 × 10

✿ 힌트 : 헷갈리나요? 뚱뚱한 순서로 기억할 것 : 영국인 〉 프랑스인 〉 미국인
그러나 1톤=1,000kg로 계산하는 metric ton이 가장 많이 사용된다니 다행!

2) 컨테이너는 크기 : 20피트와 40피트

20피트짜리 = TEU(Twenty Equivalent Unit) = 33CBM

40피트짜리 = FEU(Forty Equivalent Unit) = 67CBM

✿ 힌트 : 컨테이너는 "퇴폐(TEU FEU)"

3) 화물의 종류

살물(Bulk Cargo) : 무포장 상태의 화물. 예) 철광석, 목재, 곡물
장척화물(Bulky Cargo) : 부피가 크거나 길이가 긴 것. 할증운임을 부과함

10 House B/L과 Master B/L

House B/L(Baby B/L) : 여러 화물을 혼합했을 때 각 화물주에게 발행한 선하증권
Master B/L : 여러 화물을 실었으나 운송 주선자(Forwarder)에게 딱 1장만 발행한 것
✿ 힌트 : 회사마다 한 장씩 발행하는 House B/L, 대표에게 주는 Master B/L

11 고장 선하증권과 파손 선하증권

1) 아무런 문제가 없어 선하증권에 특별한 기재사항이 없는 것

무고장 선하증권. Clean B/L이라 한다. 무고장 선하증권만 은행에서 수리됨

2) 문제가 있는 선하증권 : Foul B/L, Dirty B/L, Claused B/L

문제가 생기면 화주는 파손화물 보상장(Letter of Indemnity : L/I)을 선박회사에 각서로 제출하고 무고장 B/L을 발급받아야 한다.

dirty, faul, claused 〈 clean
서류가 문제가 있으니 "보상각서"내놔요!

12 선하증권의 면책사항

어쩔 수 없는 불가피한 특수 상황일 때는 사고가 나도 책임이 없다.
천재지변과 해난, 전쟁, 화재, 폭동이나 절도와 같은 제3자에 의한 손해, 검역이나

압류에 의한 손해, 항해기술에 의한 것 등 불가피한 상황은 책임지지 않는다. 그러나 화물의 선적, 보관, 하역으로 인한 손해는 선사 측 과실이므로 책임을 져야 한다.

✿ 힌트 : 불가피한 상황은 책임이 없으나 선주 측의 잘못으로 생긴 문제는 보상해 주어야 한다.

13 관련 영문해석

1) 선하증권의 정의(B/L)

"Bill of Lading" mean a document which evidences a contract of carriage by sea and taking over or loading of the goods by the carrier, and by which the carrier undertakes to deliver the goods against surrender of the document.

2) 기명식 선하증권(Straight B/L)

Straight B/L is issued in the name of a specific consignee, and it is, therefore, interpreted that there is no intention of the supplier to transfer the ownership of the goods to anyone but consignee.

3) 원산지 증명서(C/O)

A document required by certain foreign countries for usually tariff purposes, certifying the country in which specified goods have been manufactured, processed or produced in the exporting country.

연습문제

01 컨테이너는 길이에 따라 20피트와 ______피트 길이가 있다.

20피트 컨테이너 : Twenty Equivalent Unit의 약어 : ______

40피트 컨테이너 : Forty Equivalent Unit의 약어 : ______

보기	
TEU	FEU

02 배가 항구에 정박한 날짜를 계산할 때

항구 정박중의 모든 작업일을 "우두리" 없이 계산하는 것 : ____________

일요일과 공휴일 등 "쉰" 날짜를 제외하고 계산하는 것 ____________

일요일과 공휴일이라도 일했으면 날짜로 계산하는 것 : ____________

보기		
WWD	SHEXU	SHEX

03

자유롭게 유통할 수 있는 것 : ____________________

화물운송장이기 때문에 자유롭게 유통할 수 없는 것 : __________ & __________

보기		
SEAWAY Bill	AIRWAY Bill	Order B/L

04

화물을 혼합하여 싣고 "모든 화물주"에게 증서 발행 : ____________________

화물을 혼합하여 실었어도 운송인 "대표"에게만 증서 발행 :____________________

보기

Master B/L　　House B/L(Baby B/L)

05

보통 선하증권은 _____통이고, 현금화를 위해 은행에는 ____________.

1) 복사본만 제출　　2) 원본만 제시　　3) 원본 + 복사본 제시

1통이 이미 사용되었으면 남은 것은 ____________.

1) 유효하다　　2) 무효처리 한다.

06 선하증권이 발행되는 순서.

1) S/R(Shipping Request)　　2) ____________________

3) ____________________

4) ____________________　　5) B/L

보기

M/R(Mate's Receipt)　　S/O(Shipping Order)　　D/R(Dock's receipt)

07 선하증권의 필수 기재사항이 아닌 것을 고르시오.

선적항구, 선박명, 국적, 물품명세, 중량, 선하증권 번호,
화물 착화통지서, 운임, 용량, 개수, 선하증권 발행부수, 운임 지급지

✿ 힌트 : 화물에 관한 중요사항만 필요함

08 다음 영문명칭을 쓰시오.

보기

Forwarder　　Consignee　　Consignor　　Bona fide Holder

화물을 부치는 사람 : ________________

화물을 받는 사람 : ________________

선하증권 권리자, 즉 선의의 소지인 : ________________

화물 운송자 : ________________

09 선하증권 특성이 아닌 것을 모두 고르시오.

1) 요인증권 2) 요식증권 3) 대표증권 4) 채권증권

5) 유통성 증권 6) 처분 증권 7) 불가처분 증권 8) 유통불가 증권

10 "문제가 있는 선하증권" 명칭을 모두 고르시오.

1) Clean B/L 2) Foul B/L

3) Dirty B/L 4) Claused B/L

✿ 힌트 : 아무 문제가 없다면 B/L이 깨끗한 것

11 B/L에 문제가 있을 때 화주가 선박회사에 제출하는 보상각서

1) 파손 화물 보상장(Letter of Indemnity) 2) Notice

3) Certificate of Origin 4) References

▌해답▌ Unit 4 연습문제(선하증권)

1. 40, TEU, FEU
2. WWD, SHEX, SHEXU
3. Order B/L, Airway Bill, Seaway Bill
4. House(Baby) B/L, Master B/L
5. 3, 원본과 복사본, 무효처리 된다.
6. D/R, S/O, M/R
7. 선하증권번호, 화물착화통지서, 운임지급지
8. Consignor, Consignee, Bona fide Holder, Forwarder
9. 3), 7), 8)
10. 2), 3), 4)
11. 1)

실전문제

01 When there is no intention of the shipper to transfer the title of the goods to anyone except the consignee, (　　　　　) is issued in the name of particular consignee.

1) on board B/L　　　2) stale B/L
3) third party B/L　　　4) straight B/L

02 The date of bills shall be taken as a conclusive proof of the date of (　　　　　). Unless otherwise specified, the port of shipment shall be (　　　　　).

1) discharge – at buyer's option　　　2) shipment – at buyer's option
3) discharge – at seller's option　　　4) shipment – at seller's option

03 ______ is the record or list of cargo loaded or discharged and (　　) is evidence that the goods have been loaded on board.

1) Cargo Receipt, Shipped B/L　　　2) Cargo Receipt, Received B/L
3) Shipped B/L, Manifest　　　4) Manifest, Shipped B/L

04 When a bill of lading is made out to order or shipper's order and the shipper has signed on the back of it, it is said to be (   ). The bill of lading then becomes a bearer instrument and the holders can present it to the shipping company to take delivery of the goods.

1) shipping mark
2) blank endorsed
3) on board notation
4) trust receipt

05 다음 설명과 관련이 없는 것을 고르시오.

> Full set of clean on board ocean B/L made out to order of ABC company.

1) Order B/L
2) Straight B/L
3) Short-form B/L
4) Clean B/L

06 다음 영문이 설명하고 있는 선하증권은?

> A bill of lading evidencing that the goods have been received into the care of the carrier, but not yet loaded on board.

1) Transshipment B/L
2) Order B/L
3) Shipped B/L
4) Received B/L

07 다음 선하증권 전면에 인쇄된 statement 의 일부이다. 밑줄 친 부분과 가장 관련이 깊은 용어는?

> RECEIVED <u>in apparent good order and condition unless otherwise stated herein</u>, the total numbers or quantity of containers or packages or units enumerated below for transportation from the port of loading to the final destination subject to the terms thereof. . .

1) clean bill of lading
2) straight bill of lading
3) multimodal transport bill of lading
4) on board bill of lading

08 The date of bill of lading shall be taken as a conclusive proof of the date of shipment. Unless specially arranged, the port of shipment shall be at Seller's option.

1) 선하증권의 발행일자는 선적일자의 결론적인 증거로 간주된다. 특별한 수배가 없는 한 선적항은 매도인이 임의로 정한다.
2) 선하증권의 일자와 선적일자는 결론적인 증거가 된다. 특별히 준비해서 매도인이 임의로 선적함을 정한다.
3) 선하증권의 일자는 선적일의 최종적인 증거로 간주된다. 특별한 수배가 없는 한 선적항은 매도인의 임의이다.
4) 선하증권의 발행일은 선적일자의 증거가 된다. 특별하게 수배되면 선적항은 매도인이 정한다.

09 운임선급, 화주의 지시식으로 발행된 무사고 선적 해양 선하증권 전통

1) FULL SET OF CLEAN SHIPPED OCEAN BILLS OF LADING MADE OUT FOR ORDER OF CONSIGNOR MARKED FREIGHT PREPAID
2) FULL SET OF CLEAN ON BOARD OCEAN BILLS OF LADING MADE OUT ON ORDER OF SHIPPER MARKED FREIGHT TO BE PAID
3) FULL SET OF CLEAN ON BOARD OCEAN BILLS OF LADING MADE OUT TO ORDER OF SHIPPER MARKED FREIGHT COLLECT
4) FULL SET OF CLEAN ON BOARD OCEAN BILLS OF LADING MADE OUT TO ORDER OF SHIPPER MARKED FREIGHT PREPAID

10 A negotiable or order B/L contains a phrase such as "consigned to the order of (a named party)."

1) 유통 가능 또는 지시식 선하증권에는 "(지정된 당사자의) 지시에 따라 양도됨"과 같은 구절이 있다.
2) 양도가능 또는 지시식 선하증권에는 "(지정된 당사자의) 명령에 따라 양도됨"과 같은 문구가 명시되어 있다.

3) 비유통 또는 무기명식 선하증권에는 "(명시된 당사자)의 주문어 따른"이라는 구절이 명시되어 있다.
4) 비유통 선하증권 또는 지시식 선하증권에는 "(당사자가 명시된) 지시에 따라 양도"된다는 문구가 명시되어 있다.

11 문장의 괄호에 알맞은 내용을 고르시오.

If you find your cargo defective on the verge of shipment, you will have to tender ( ) to the shipping company to get a clean Bill of Landing.

1) Shipping request
2) Letter of indemnity
3) Letter of guarantee
4) Letter of compensation

12

( ) is no intention of the shipping to transfer the title of the consignee and issued in the name of particular consignee.

1) Straight B/L
2) Order B/L
3) Third party B/L
4) Stale B/L

13

( ) is issued in the name, and it is, therefore, interpreted that there is no intention of the shipper to transfer the ownership of the goods to anyone but the consignee.

1) Order Bill of Lading
2) Ocean Bill of Lading
3) Straight Bill of Lading
4) Stale Bill of Lading

14

Please be advised that the undermentioned cargo (   ) to you arrived aboard subject vessel on tenth of August, 2010, at the port of Busan.

1) negotiated
2) mentioned
3) consigned
4) paid

15 다음은 선하증권 표면약관의 일부이다. 밑줄 친 부분을 잘못 번역한 것은?

Received by the Carrier from the Shipper 1) in apparent good order and condition 2) unless otherwise indicated herein, the goods or the container(s) or package(s) said to contain the cargo herein mentioned, to be carried subject to 3) all the terms and conditions appearing 4) on the face and back of this Bill of Lading by the vessel named herein or . . .

1) 물품의 내용과 일치하게
2) 증권상에 달리 기재사항이 없다면
3) 제 조건
4) 전면과 이면에

▮해답▮ Unit 4 실전문제(선하증권)

1. 4)	2. 4)	3. 4)	4. 2)	5. 3)
6. 4)	7. 1)	8. 3)	9. 4)	10. 1)
11. 2)	12. 1)	13. 3)	14. 3)	15. 1)

■ 쉬어가는 페이지(운송, 선하증권) ■

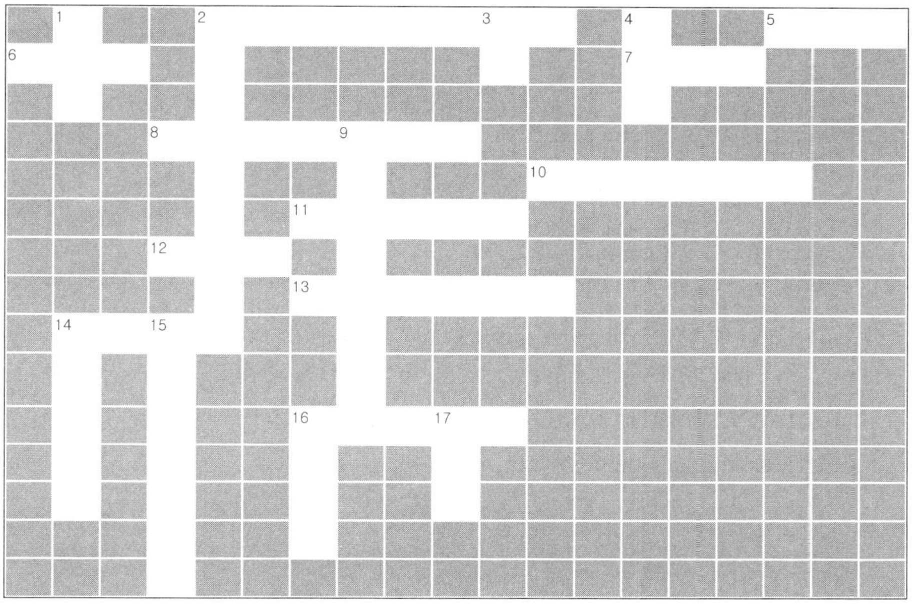

＊ 해답은 기출문제 앞(p.295)에 있음 ＊

✺ Your Crossword Puzzle

–ACROSS–

2. Money for early shipping
5. Weather Working Days
6. Twenty-Feet Container
7. Container Freight Station
8. 총괄운임제
10. 총괄계약 : ________________ B/L
11. Bill of a Lading for specially ordered person : ________________ B/L
12. 정박기간 : ________________ DAYS
13. Bill for birdy pack : ________________ BILL
14. Another name for demise boat : ________________ BOAT

16. Out of date B/L : ______________ B/L

—DOWN—

1. Forty-Feet Container
2. Money for delayed shipping.
3. It means Container Yard.
4. Full Container Load
9. Bill of Lading for specific person.
14. Usually terms for liner which ship owners pay for everything for shipping : ______________ TERMS.
15. All lay days : ______________ LAYDAYS
16. Laydays Except Sundays and Holidays
17. Less than Container Load

Unit 05 보험

삶

삶이 그대를 속일지라도,
슬퍼하거나 노하지 말라!
우울한 날들을 견디며 믿으라,
기쁨의 날이 오리니,
마음은 미래에 사는 것,
현재는 슬픈 것,
모든 것은 순간적인 것, 지나가는 것이니,
그리고
지나가는 것은 먼 훗날 소중하게 되리니,

〈알렉산드로 푸시킨〉

Unit
05

보 험

1 보험용어

보험자(Insurer, Assurer, Underwriter) : 보험회사 혹은 보험자로서 사고가 났을 때 보험금을 지급할 의무가 있는 자

보험 계약자(Policy Holder) : 보험을 청약하고 보험금을 납입하는 당사자

피보험자(Insured, Assured) : 사고가 났을 때 보험금 권리를 갖는 사람, 즉 보상을 받는 사람

보험료(Insurance Premium) : 매달 지불하는 보험료

✿ 힌트 : 헷갈리나요?

insurer, assurer, underwriter는 -er 어형이지만 일반적으로 "사람"이 아니라 "보험회사"임

insured, assured는 수동태형 단어로 "보험금 받는자" "보험금 청구할 수 있는 자"

policy holder는 계약서를 "꽉-쥐고 있는(holder)" 보험 가입자

premium은 보험료. 보험회사 광고에 "low premium" 표현이 자주 쓰임을 참고할 것

▌연습문제▐ 보험 증서

본인 이몽룡은 사또 보험에 가입하여 매달 열 냥씩을 지불할 것이며 만약 "중대 사고"가 생기면 일만 냥을 "춘향"에게 지급한다.

보험 중개인 : 월매　　　　계약자 : 이몽룡

위 계약서에서

1) Insurer, underwriter, 즉 보험 회사는 ____________________

2) Policy Holder, 보험자는 ____________________

3) Insured, 보험금 보상을 받는 자는 ____________________

4) Premium, 보험료는 ____________________

5) Claim, 즉 보험금은 ____________________

6) Insurance Broker, 즉 보험 중개인은 ____________________

해답 : 1) 사또보험　2) 이몽룡　3) 춘향　4) 월 열냥　5) 일만냥　6) 월매

2 보험의 원칙

1) 최대선의 원칙(The Principle of Utmost Good Faith)

보험계약자는 중대 사항을 성실하게 고지해야 함

2) 근인주의(The Doctrine of Proximate Cause)

사고발생의 직접적인 주요 원인을 고려해야 함

3) 담보(Warranty)

피보험자가 보험자에게 지켜야 할 일종의 약속
담보를 위반하면 계약을 해지한 것으로 보고 보험금 지급을 안 할 수도 있다.

a. 명시담보(Express Warranty) : 보험증권에 쓰여 있는 사항

b. 묵시담보(Implied Warranty) : 보험증권에 없으나 당연히 지켜야 할 사항
  적법성담보(Warranty of Legality) : 배를 적법하게 운행했는가?
  감항성담보(Warranty of Seaworthiness) : 배가 운행능력이 있는가?

✿ 힌트 : 계약서에 없지만 배의 운행과 관리를 잘해야 한다. 즉 적법성과 감항성담보를 잘 준수하라는 것

3 보험의 종류

전부보험(Full Insurance) : 보험 금액이 보험 가격과 동일한 것
일부보험(Partial Insurance) : 보험 금액이 보험가격보다 적은 것
초과보험(Over Insurance) : 보험 금액이 보험가격보다 많은 것

4 보험계약이 유효하기 위한 조건

1) 적법성

법적으로 옳은가를 판단하지만, 마약 운반 등 범죄에 이용될 때 보상받지 못함

2) 경제성

경제적 실익이 있는가를 판단하지만, 감정이나 도덕적 이익은 고려안 됨

3) 확정성

사고시점까지 계약이 유효해야 함

5 소급약관

해상보험에만 적용되는 것으로 계약체결 이전 손해도 보상해 주는 약관

6 해상보험 종류

1) 확정보험(Definite Policy)과 예정보험(Open Policy)

확정보험 : 계약내용이 확정된 것. 보험증권(Insurance Policy)을 발급함
예정보험 : 계약이 미확정된 것. 보험증서(Certificate of Insurance)만 발행함

2) 포괄예정보험(Open Contract)과 개별예정보험(Provisional Policy)

포괄예정 보험 : 총액이 미리 결정된 경우
개별예정보험 : 각 화물별로 계약된 경우

3) 선명미상보험(Floating Policy)과 금액미상보험(Unvalued Policy)

선명미상보험 : "선박"이 확실하지 않은 경우
금액미상보험 : "금액"이 확실하지 않은 경우
✿ 힌트 : floating "물에 떠 있는", 즉 선박이 정해지지 않은 상태를 말함

7 해상보험 손해(Marine Loss)

1) 전손(Total loss)

배가 모두 파손되어 전체가 손실된 것

현실전손(Actual Total Loss, ATL) : 보험 대상이 "현실상" 완전히 없어졌을 때
추정전손(Constructive Total Loss, CTL) : 추정하여 전손으로 평가될 때

추정전손이면 보험금 수령을 위해 모든 것을 위임하는 대위(subrogation)가 필요함
✿ 힌트 : 대위란 "대리위임"의 의미

2) 분손(Partial Loss, Average)

부분적 손실이 되는 것

공동해손(General Average) : 손해를 이해관계자가 공동으로 부담함
단독해손(Particular Average) : 전체 손해 중 공동 해손을 제외한 손해

8 주요 해상손해 용어

1) 위부(Abandonment)

추정전손에서 피보험자가 보험금청구 등 모든 권리를 보험자에게 포기하고 양도하는 것으로 보험의 모든 권리가 보험자에게 귀속되어 보험금을 청구한다. 추정전손일 때 위부 통지를 하지 않으면 분손으로 간주한다. 위부의 조건은 무조건적(unconditional)이고 불가부분적인 경우이다.

✿ 힌트 : abandonment란 "포기". 모든 권리를 포기하고 보험회사에 위탁하는 것이 위부

2) 대위(Subrogation)

보험금 지불 이후 관련 이익이나 권리를 보험자가 승계하는 것, 즉 보상금 수령 후 권리를 보험사에게 넘겨주는 것

✿ 힌트 : subrogate "대리하다". 권리를 보험사가 대행하는 것

3) 위부와 대위의 차이

위부 : 피보험자가 보험금 청구 이전 권리를 포기하고 양도한다는 의사표현, 즉 권리 포기

대위 : 보험자(보험회사)가 보상금을 지급하고 보험물에 대한 일체 권리를 승계함
보험금 지급 이후에 모든 권리를 보험회사가 양도받는 권리대행

4) 공동해손비(General Average, G/A)

선박이나 화물이 공동위험에 처했을 때 물적 손해 비용을 공동으로 분담하는 것
공동해손조건은 위험의 공동성이 있고
a. 선박 침몰과 같이 이례적(exceptional)이어야 함
b. 처분이 자발적이거나 의도적(intentional)이어야 함
c. 처분이 현실적이고 합리적(reasonable)이어야 함
국제규칙인 YAR(York-Antwerp Rule)에 의거 공동해손 정산서를 작성함

5) 단독해손비(Particular Average, P/A)

공동 해손을 제외한 손해

9 비용손해(간접손해)

사고시 간접 지출비용을 계산하는 것

1) 구조료(Salvage Charge)

임의적(voluntarily)인 제3자 구조행위에 보수를 지급
구조행위가 성공해야 구조비가 성립된다.

2) 손해방지비용(Sue and Labour Charge)

손해방지를 위한 비용으로 담보위험에 기인한 경우, 합리적인 경우면 한도액 상관없이 보상해 준다.
제3자 지출비용은 제외된다.

3) 특별비용(Particular Charge)

보험금 한도 내에서 보상한다.

10 보험약관

1) 구약관과 신약관이 있다.

구약관(협회적하약관) : All Risk, WA, FPA(Free from Particular Average)

신약관(신협회적하약관) : ICC(A)는 모든 것을 담보함
ICC(B)와 ICC(C)는 열거사항만 담보함

2) 포괄주의 방식

모든 것을 포괄하는 방식 : All Risk, ICC(A)

3) 열거주의 방식

특정 사항만을 보험에 적용하는 방식 : WA, FPA 등

4) 보험 범위(Coverage)가 넓은 순서

ICC(A)(A/R) 〉 ICC(WAIOP) 〉 ICC(WA 3%) 〉 ICC(FPA)

■ A/R : All Risks

모든 위험이 보험대상. 모든 걸 보상하므로 보상범위가 가장 크다.

■ WAIOP : With Average Irrespective of Percentage

면책비율 적용없이 보상, 즉 작은 손해도 보상해 준다니 웬만한 사고는 보상받음

■ WA : With Average

부분손해에 대해 보상을 하는 부분 보험조건

■ FPA : Free from Particular Average

특정 약관의 손해에 대한 보험. 아주 일부만 보상해 줌

✿ 힌트 : 헷갈리나요? 아(A/R) – 왜(WAIOP) – 와(WA)로 암기 !

5) 포괄주의에도 보험을 받지 못하는 경우

a. 고의적 혹은 불법일 경우

b. 운송인의 운송 지연

c. 보험물의 고유한 하자로 인한 것

d. 누손(leakage)이나 중량 감소와 같은 자연적 손실(ordinary tear and wear)

e. 불안전한 포장

위 사항은 최대 부보 조건 All Risk(A/R)와 ICC(A)도 보험혜택이 없다.
이럴 때 ICC(War, Strike, Riots and Civil Commotion)를 적용함

✿ 힌트 : 자동차 보험처럼 고의적인 것, 불법, 자연 재해는 보상 못 받아요!
전쟁이나 폭동과 같은 천재지변은 ICC 특약에 들어야 함

6) 소손해 면책률(Franchise)

실 보상액보다 행정절차 비용이 큰 경우 적용
보험가의 3% 미만의 경우 소손해 면책을 적용하여 보험 보상금보다 비용이 더 들어 배보다 배꼽이 큰 경우 소손해 면책비용을 적용함

cf. WA 3% : 악천후로 인한 손실은 3% 이상만 보상해 줌
WAIOP(With Average Irrespective of Percentage) : 면책비율 없다.
모든 작은 손해도 보상해 줌
WA 3%, Excess(Deductible) : 3%는 공제하고 그 차액을 보상해 줌

✿ 힌트 : "아 -- 왜 -와 - "로 외울 것
불법, 고의적 사고, 전쟁이나 파업 등 불가피한 상황에서 보험금을 못타는 건 자동차 보험과 똑같다. 사소한 사고는 보험금 청구를 않는 점도 자동차와 유사함
왜(WAIOP) 단계는 사소한 것도 보상해 줌
와(W/A) 단계는 3%만 빼주고 계산하자는 것
deductible이란 3% "빼고" 나머지를 보상함

11 담보위험

손해가 발생했을 때 손해보상금을 보상하는 것

해상고유의 위험(Perils of the Seas) : 좌초, 충돌, 침몰, 악천후 등
해상위험(Perils on the Seas) : 운항중 배위에서 발생한 위험
예) 화재, 투하, 해적, 강도 등
면책위험 : 보험자, 보험회사가 책임을 안지는 특별위험
예) 동맹파업, 폭동, 소요, 전쟁 등은 ICC 특약에 가입해야 함

12 부가보험 특약

자동차에도 특별조건을 적용하는 특약이 있듯이 해상보험에도 특약을 붙인다.
다음 부가위험 담보조건을 암기할 것
✿ 힌트 : 빈출문제이므로 약어의 뜻을 이해해야 한다. 그러나 신속히 군제를 풀어야 하는 실전 시험에서는 의성어 연상법으로 구분할 것

TPND(Theft, Pilferage and Non-Delivery) : 도난이나 좀도둑을 맞거나 미도착 경우
✿ 힌트 : "도둑질해가고(T), 파헤쳐가고(P), 노-도착(ND)일 때"

TLO(Total Loss Only by Total Loss of Vessel) : 선박 전손으로 화물 전손된 경우
✿ 힌트 : "배가 완전 부서져 도로(TLO) 빈털터리가 될 때"

RFWD(Rain & Fresh Water Damage) : 비나 물로 손상이 된 경우
✿ 힌트 : "러프(RF) 우두두(WD) 하고 물과 빗물로 망가질 때"

COOC(Contacted with Oil & Other Cargo) : 기름이나 타 화물과의 접촉손상

✿ 힌트 : "쿡—(cooc)하고 기름이나 짐짝에 부딪칠 때"

WOB(Washing Overboard) : 갑판에서 투하하거나 손실된 것

✿ 힌트 : "왑-(WOB) 하고 배 위에서 물에 던졌을 때"

Hook & Hole : 작업용 갈고리로 망가진 것

✿ 힌트 : "훅(hook) - 하고 고리 때문에 부서질 때"

Breakage : 기계류에 의해 파손된 것

✿ 힌트 : "부렉-(break)하고 기계로 망가질 때"

Leakage & Shortage : 내용물이 새거나 부족한 경우

✿ 힌트 : "릭-(leak-) 하고 새고, 쇼트가 날 때(short-)"

SH(Sweat & Heating) : 너무 습하고 더워서 손상된 경우

✿ 힌트 : "스웨터(sweat) 입고 히터(heater) 틀을 정도로 습하고 더워 망가졌을 때"

Spontaneous Combustion : 자연발생적 화재

✿ 힌트 : "스파크(sp—c) 일어나 화재가 났을 때"

Contamination : 물에 오염된 경우

✿ 힌트 : "코가 탈(contamina-.) 만큼 물이 오염될 때"

13 보험관련 서류

a. 보험증권(Insurance Policy)

b. 보험승낙서(Cover Note) : 보험료를 영수하였다는 일종의 각서
보험중개사(broker)가 발행하며 별도 지정이 없으면 수리가 안됨
cf. 보험 증명서(certificate of insurance)는 가능함

c. 포장명세서(Packing List) : 화물판별을 위한 서류

d. 중량 및 용적증명서(Certificate of Weight) : 운송비 산출용

e. 원산지 증명서(Certificate of Origin, C/O) : 상품 생산지국가 증명서
원산지 표시대상물(Marks of Origin) : 원산지 위조방지를 위해 상품에 표시함

14 관련 영문해석

1) 해상 보험의 정의

A contract of marine insurance is a contract whereby the insurer undertakes to indemnify the assured, in manner and to the extent thereby agreed, against marine losses, that is to say, the losses incident to marine adventure.

2) 보험의 확정성

The assured must be interested in the subject-matter insured at the time of the loss though he need not be interested when the insurance is effected.

3) 공동해손 요건

1. There is a general average act when, and only when, any extraordinary sacrifice or expenditure is intentionally and reasonably made or incurred for the common safety for the purpose of preserving from the peril the property involved in a common maritime adventure(The York-Antwerp Rules)

공동 해손은 공동 항해 산업 관련 재산 보존을 목적으로 하며 고의적, 합리적, 이례적 희생비용을 지출한 경우에 성립된다.

2. A general average loss is a loss caused by or directly consequential on a general average act. It includes a general average expenditure as well as a general average sacrifice. There is a general average act where any extraordinary sacrifice or expenditure is voluntarily and reasonably made or incurred in time of peril for the purpose of preserving the property imperilled in the common adventure.

공동해손은 공동해손으로 인한 직·간접 손해이다. 이는 공동해손희생과 비용도 포함된다. 위험에 처한 재산 보존을 목적으로 이례적 희생과 비용이 합리적이고 자의적으로 이루어진 공동해손 행위에서 적용한다.

3. Where there is a general average loss, the party on whom it falls is entitled, subject to the conditions imposed by maritime law, to a rateable contribution from the other parties interested, and such contribution is called a general average contribution.

공동해손에서 손해 당사자는 해상법에 의해 부여되는 조건에 따라 타 이해당사자에 대하여 비례적인 분담금 청구권이 있으며, 그 분담금을 공동해손분담금이라고 한다.

4. Expense incurred by or on behalf of the assured for the safety or preservation of the subject-matter insured, other than general average and salvage charges, are called particular charges. Particular charges are not included in particular average.

안전이나 보존을 위해 피보험자에 의해 지출된 비용으로 공동해손과 구조비용이 아닌 것은 특별비용이라고 부른다. 특별비는 단독해손에 포함되지 않는다.

연습문제

01 보험의 각 용어 이해하기

보기

보험료　보험액　보험 계약자　보험자(보통 보험회사)　피보험자

a) Policy Holder : ____________________

b) Assurer, Insurer, Underwriter : ____________________

c) Premium : ____________________

d) Assured, Insured : ____________________

02 어려운 보험관련 용어 우리말로 번역하기

보기

구조료　대위담보　적법성담보　감항성담보　최대선의 원칙
근인주의　확정보험　예정보험　전손　추정전손　분손　보험범위(부보)

a) Coverage : ____________________

b) Subrogation : ____________________

c) Warranty : ____________________

d) Total Loss : ____________________

e) Constructive Loss : ____________________

f) Average(Partial Loss) : ____________________

g) Definite Policy : ______________________

h) Open Policy : ______________________

i) Principle of Utmost Good Faith : ______________________

j) The Doctrine of Proximate Cause : ______________________

k) Warranty of Legality : ______________________

l) Warranty of Seaworthiness : ______________________

m) Salvage Charge : ______________________

03 물질적 손해의 경우 전체 손실된 경우는 ______, 부분적 손실은 분손이라 한다. 전손은 실제 손실액을 계산하는 현실전손과 액수를 추정하는 ______이 있다. 분손은 공동으로 손해 분담하는 ______ 과 단독으로 손해를 분담하는 단독해손이 있다.

보기		
공동해손	전손	추정전손

04 ____________은 보험계약에서 상호간에 지켜야 할 약속이다.
이 약속이 증권에 분명히 명시된 경우는 ____________ ,
꼭 명시되지 않았지만 묵시적으로 지켜야 하는 경우는 ____________ 이다.

보기		
담보	묵시 담보	명시담보

05 보험계약의 3가지 필수요건

보기		
경제성	확정성	적법성

1) 법적으로 하자가 없어야 함 : ______________________

2) 경제적으로 이익이 되어야 함 : ______________________

3) 사고까지 보험이 확정되어야 함 : ______________________

06 보험 부보 조건 최대 순서 :

보기

A/R　　WAIOP　　W/A　　FPA

________ 〉 ________ 〉 ________ 〉 FPA

07 최대 조건인 All Risk(A) 와 ICC(A) 조건에서도 부보되지 않는 조건들을 도두 고르시오.

1) 고의적 불법으로 인한 손상
2) 자연적 멸실이나 손상
3) 운송지연
4) 누손 혹은 자연적 소모
5) 포장 불완전
6) 전쟁이나 파업
7) 분실

08 다음 ICC(B)(C) 부가위험 담보조건의 의미를 찾으시오

1) TPND : ________
2) RFWD : ________
3) COOC : ________
4) WOB : ________
5) Hook & Hole : ________
6) Breakage : ________
7) Leakage & Shortage : ________
8) Sweat & Heating : ________
9) Spontaneous Combustion : ________

보기

a) 자연발화　b) 한손 및 열손　c) 누손, 부족손　d) 파손
e) 갈고리손　f) 갑판유실　g) 유류나 다른 화물과 접촉
h) 우수 및 담손　I) 도난, 발화, 미도착

09 보험 계약서중 수리가 되지 않는 경우는 ________________이 발행한 ________________ 이다.

보기		
보험자	보험 중개인	Cover Note

10 해상보험이 체결되기 이전에 발생한 손실에 대해 소급하여 보상하는 약관을 ________________ 이라 한다.

보기	
소급약관	긴급약관

11 실제 보상액보다 비용이 더 많이 들어 보상을 하지 않는 경우를 ________________ 한다.

보기		
소손해 면책약관	소손해 특권약관	특약

▌해답▌ Unit 5 연습문제(보험)

1. a) 보험계약자 b) 보험자(보험회사) c) 보험료 d) 피보험자
2. a) 보험범위(부보) b) 대위 c) 담보 d) 전손 e) 추정전손 f) 분손 g) 확정보험 h) 예정보험 i) 최대선의원칙 j) 근인주의 k) 적법성담보 l) 감항성담보 m) 구조료
3. 전손. 추정전손. 공동해손
4. 담보. 명시담보. 묵시담보
5. 적법성. 경제성. 확정성
6. A/R. WAIOP. W/A
7. 1. 2. 3. 4. 5.
8. 1) i 2) h 3) g 4) f 5) e 6) d 7) c 8) b 9) a
9. 보험중개인. Cover note
10. 소급약관
11. 소손해 면책약관

실전문제

01 A/R이나 ICC(A) 조건에서 피보험자가 보상 받을 수 있는 조건은?

1) 전쟁으로 인한 손해
2) 포장 불량으로 인한 손해
3) 피보험자의 고의 또는 불법행위
4) 도난, 발화, 불착손 손해

✿ 힌트 : 불가피하여 보상 불가인 조건은 제외

02 다음 중 해상 고유의 위험에 해당되지 않는 것은?

1) 침몰
2) 좌초
3) 충돌
4) 화재

03 해상 적화보험에서 Assured란?

1) 보험자
2) 피보험자
3) 보험 계약자
4) 보험 정산인

04 Underwriter와 동일한 의미는?

1) Insurance Policy
2) Cover Note
3) Insurer
4) Insured

05 ______ is the surrender of the ship or merchandise insured to the insurers in the case of a constructive total loss of the subject-matter insured.

1) Subrogation
2) Abandonment
3) Deferred Rebate
4) Jettison

06 Insurance documents must appear on their face to be issued and signed by (   ) or (   ) or (   ) (UCP 35조 조항)

1) underwriters – insurance brokers – their customers
2) insurance companies – underwriters – insurer
3) insurer – insurance companies – insurance brokers
4) insurance companies – underwriters – their agents

✿ 힌트 : 보험 계약서에 brokers 이름은 쓸 수 없다.

07 This is subject to a franchise or an excess(deductible), unless it is otherwise stipulated in the L/C that the insurance must be issued irrespective of percentage.

1) 이 보험은 면책비율 적용조건으로 발행되어야 한다는 별도 명시가 신용장에 없는 한 면책비율 또는 초과비율(추가)의 적용을 받는다.
2) 이 보험은 면책비율 부적용 조건으로 발행되어야 한다는 별도 명시가 신용장에 없는 한 면책비율 또는 초과비율(공제)의 적용을 받는다.
3) 이 보험은 소손해 담보조건으로 발행되어야 한다는 별도명시가 신용장에 없는 전손 담보 또는 초과비율(추가)의 적용을 받는다.
4) 이 보험은 분손 담보 조건으로 발행되어야 한다는 별도명시가 신용장에 없는 한 전손담보 비율 또는 초과비율(공제)의 적용을 받는다.

✿ 힌트 : irrespective of percentage 면책비율 부적용으로 적용되며
franchise 면책비율 부적용   deductible 공제   excess 초과

08

The carrier is not liable, except in general average, where loss, damage or delay in delivery resulted in from measures to save life or from reasonable measures to save property at sea.

1) 운송인은 일반적인 경우를 제외하고는 인명구조를 위한 조치나 해상에서 재산의 구조를 위한 합리적인 조치로 인해 발생하는 멸실, 손상 또는 지연에 대해 책임을 지지 않는다.
2) 운송인은 일반적인 훼손의 경우를 제외하고는 합리적인 조치로 인해 발생한 인명구조 조치나 해상에서 재산의 구조를 위한 멸실, 손상 또는 인도지연에 대해 책임을 지지 않는다.
3) 운송인은 공동해손의 경우를 제외하고 인명구조를 위한 조치나 해상에서 재산의 구조를 위한 합리적인 조치로 인해 발생한 멸실, 손상 또는 인도지연에 대해 책임을 지지 않는다.
4) 운송인은 모든 해손의 예외적인 경우에 있어서, 합리적인 조치로 인한 인명구조 조치나 해상에서 재산의 구조를 위해 발생한 멸실, 손상 또는 인도지연에 대해 책임을 지지 않는다.

✿ 힌트 : general average 공동해손 be liable for ..에 책임지다. measure 조치

09 전자제품에 대한 보험은 송장금액에 10%를 더하여, 도난. 발화. 불착 위험을 포함한 분손담보조건으로 매도인에 의해 부보되어야 한다.

1) Insurance for the Electronic Goods shall be effected by the seller on General Average including Pilferage, Theft and Non-delivery for the invoice amount plus 10%.
2) Insurance for the Electronic Goods shall be effected by the seller on With Average including Theft, Pilferage and Non-delivery for the invoice amount plus 10%.
3) Insurance for the Electronic Goods shall be effected by the seller on All Risks including Pilferage, Theft and Non-delivery for the invoice amount plus 10%

4) Insurance for the Electronic Goods shall be effected by the seller on Total Loss including Theft, Pilferage and Non-delivery for the invoice amount plus 10%.

10 It is a fundamental principle of insurance law that the (   ) must have an insurable interest in the (   ) insured at the time of the loss.

1) insurer - subject
2) broker - subject
3) underwriter - subject - matter
4) assured - subject - matter

11 (   ) comprehends all the loss arising out of a voluntary sacrifice of a part either vessel or cargo, made by the captain for the benefit of the whole.

1) Particular average
2) General average
3) Total loss
4) Physical loss

12 A contract of marine insurance is a contract whereby the insurer undertakes to (   ) the assured, in manner and to the extent thereby agreed, against losses, that is to say, the loss incident to marine adventure.

1) pay
2) indemnify
3) warrant
4) cover

13 (   ) is the surrender of the ship or merchandise insured to the insurers in the case of a constructive total loss of the subject-matter insured.

1) Abandonment
2) Subrogation
3) Deferred Rebate
4) Jettison

14 (　　　　　) in duplicate, endorsed in blank for 110% of the invoice value, stipulating that claims are payable in Hong Kong.

1) Bill of lading　　2) Covering note
3) Insurance policy　　4) Commercial invoice

15 Seller shall be marine insurance on all shipment on ICC(B) including war risks for 110% of the invoice amount. Risks of theft, (　　　　　) and non-delivery, if required, shall be covered (　　　　　).

1) pilferage - for account of buyers
2) ITE - for account of sellers
3) jettison - for account of buyers
4) fresh water damage - for account of sellers

✺ 다음은 선박이 항해 중 발생한 해상손해에 관한 내용이다.(16~17)

> 가) 선박 K호가 항해 중 좌초로 인해 소금 20만 톤이 바다에 빠져 모두 멸실되었다.
>
> 나) 선박 S호가 좌초로 인해 운송중이던 편직기 500대가 바다에 빠졌다. 인양 후 수리하기 위하여 견적을 산출하니 물품 가액을 초월하였다.
>
> 다) 선박 P호는 항해 중 태풍을 만나 침몰직전 컨테이너 화물 일부를 바다에 던진 후에 배가 안전하게 항해를 해서 목적항에 도착할 수 있었다(화물의 희생 손해억 미화 500만 달러). 동 선박에 운송중인 화물은 모두 부보된 상태이다.
>
> 라) 선박 R호는 항해 중 태풍을 만나 인근 중간항에 피난하고 15일간 기항한 후 호천후가 되어 항해를 계속하였다. 중간항에서 화물의 양륙비, 창고 보관료, 저포장비 합계 미화 3만 달러가 발생하였다. 동 화물은 모두 부보된 상태이다.

16 위의 화물에 대한 손해를 각각 해당하는 순서대로 나열한 것은?

1) constructive TL – actual TL – 비용손해 – G/A
2) constructive TL – actual TL – G/A – 비용손해
3) actual TL – constructive TL – G/A – 비용손해
4) actual TL – constructive TL – 비용손해 – G/A

17 위의(라)에 관하여 옳은 것은?

1) 위의 금액은 선장의 임의의 조치이므로 선주가 부담해야 한다.
2) 위의 금액은 구조비로서 피보험자가 부담해야 한다.
3) 위의 금액은 손해방지 비용으로서 보험자가 보상해야 한다.
4) 위의 금액은 특별비용으로서 비용손해의 일종이며 보험자가 보상해야 한다.

▌해답▌ Unit 5 연습문제(보험)

1. 4)	2. 4)	3. 2)	4. 3)	5. 2)
6. 4)	7. 2)	8. 3)	9. 2)	10. 4)
11. 2)	12. 2)	13. 2)	14. 3)	15. 1)
16. 3)	17. 4)			

Unit 06 대금결제와 환어음

영어속담에 나타난 돈

* Money is the power. (돈이 권력이다)
* Money talks. (돈이 실세이다)
* Money can't buy happiness. (돈으로 행복을 살수는 없다)
* Money is round, and rolls away. (돈은 동그랗다. 그래서 굴러다닌다)
* Money paid, the work delayed. (돈을 지불하면, 일처리는 지체된다)

Unit 06

대금결제와 환어음(Draft & Bill of Exchange)

1 대금 결제 종류

1) 대금상환 무신용장 방식

물품이나 서류를 인도하며 대금을 지급하는 방식

COD (Cash on Delivery) : 현금과 상품을 동시교환

CAD (Cash on Document) : 현금과 상품 선적서류를 교환

<COD> : 물건-현금 박치기

<CAD> : 서류-현금 박치기

2) 송금 방식

송금으로 대금 결제하는 방식

D/D (Demand Draft) : 은행 송금수표를 이용하여 결제. 소액거래에 주로 이용

M/T (Mail Transfer) : 우편환을 이용하여 결제. 안전하나 시간이 소요됨

T/T (Telegraphic Transfer) : 전신을 이용하여 결제. 신속하고 안전함

3) 추심방식(Collection Call)

은행을 통해 서류 인도와 대금결제를 하는 방식
은행 지급확약이 없어 위험도가 높지만 수수료 부담이 적어 가장 많이 이용된다.

4) 신용장 사용방법

은행이 신용장 발행으로 지급확약을 해주는 결제

2 대금 송금방법

1) 순환

수입상이 수출상에게 송금하는 것으로 물건을 받고 지급하는 "일반적" 방식
예) 우편환, 전신환, 송금수표

✿ 힌트 : 수입상이 수출상에게 대금지불이 순리이므로 "순환"으로 규정

2) 역환

수출상이 수입상에게 환어음을 통해 대금을 요청하는 것
즉 물건을 보낸 후 돈을 달라고 요청하는 서류를 발행하는 방식
예) 추심방식(Collection basis : D/P, D/A)과 신용장 방식(L/C basis)

3 송금시기에 따른 분류

1) 사전 송금방식

선불받고 물건을 건네는 방법으로 수출상에게 유리함

- 전신으로 송금하는 전신환(T/T : Telegraph Transfer)
- 우편으로 송금하는 우편환(M/T : Mail Transfer)
- 주문과 동시에 결제하는 주문불 지급(CWO : Cash With Order)

2) 동시지급 방식

- 현물인도지급방식(COD : Cash On Delivery) : 상품 인수와 동시 지불하는 것
  예) 금, 다이아몬드 등 고가 제품 거래에 많이 이용됨
- 서류상환지급방식(CAD : Cash Against Document) : 수출 후 선적서류를 근거로 대금을 지급함. 동시 지급결제이므로 환어음이 불필요함. 유럽식 D/P 방식으로 불림
- 어음지급서류 인도조건(D/P : Documents Against Payment) : 추심방식
  물품을 선적하고 거래 은행을 통해 환어음을 발행하여 결제를 하는 것

3) 사후 결제방식 : 환어음과 신용장

- 환어음 : 어음을 발행하여 돈을 지급해달라고 요청하는 것
  수출상이 의뢰은행을 통하여 거래은행(collection bank)에게 결제를 요청함

✿ 힌트 : collect란 "거두다". 추심이란 "돈을 거두는 것". 단 사람이 아닌 은행을 통해 수금함

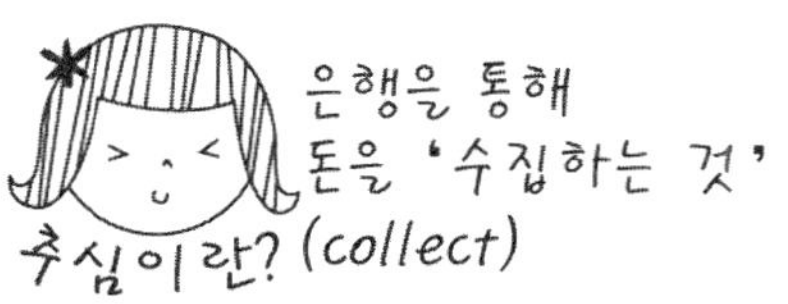

- 신용장 방식 : 은행이 지급보증 하는 방식
  신용장 개설은행이 지급보증을 하기 때문에 보다 안전한 대금결제

4 환어음이란?

계약서를 근거로 대금을 추심하는 결제 방식. 수출상이 배에 물건을 실었다는 중요한 선적서류를 은행에 제시하여 대금결제를 요청한다. 신용장 방식처럼 은행이 지급보증을 하지 않아 결제에 위험이 따르지만 담보나 수수료 부담이 없어 널리 이용된다.

1) 환어음 종류

D/P(Documents against Payment) : 지급도 조건

서류와 동시에 대금결제. D/A보다 안전

D/A (Documents against Acceptance) : 인수도 조건

일단 서류를 인수(accept)하고 대금을 나중에 결제함

<D/A>

<D/P>

수출업자에게는 서류를 건내 주고 돈을 받는 D/P 방식이 자금회전에 유리하다. 그러나 서류만 인수시키고 나중에 돈을 받는 D/A 방식은 가장 불리한 조건이다. D/A는 은행의 지급확약이 없어 자금회수는 전적으로 수입상의 신용에 달려있기 때문에 안전조치로서 신용도 조사와 수출 보험을 이용한다.

5 환어음 결제

1) 지급조건에 따라

a. 일람출급(Sight Draft/Demand Draft) : 어음 제시 즉시 지급하는 것

✿ 힌트 : at sight "보자마자", 즉 보는 즉시 대금을 지급하는 것

b. 기한부어음(Usance Bill) : 환어음을 매입(accept)하고 만기에 지급하는 것

- 일람 후 정기출급(after sight)

  예) at 90 days after sight(90 d/s) : 제시 후 90일 경과일 만기어음

- 일부 후 정기출급(after date)

  예) at 90 days after date(90 d/d) : 발행일부터 90일 경과일 만기어음

- 확정일 출금(on fixed date)

  예) on September 30, 2010 : 9월 30일 만기어음

✿ 힌트 : 어음만 주고 돈은 만기에 받으므로 날짜가 길수록 수출업자는 돈을 늦게 받게 되어 불리함

2) 서류첨부에 따라

a. 무화환 추심(Clean Collect) : 서류를 첨부하지 않는 것

b. 화환 추심(Documentary Collect) : 상업서류를 첨부한 것
상업서류란 송장, 운송서류, 기타 권리증권 등을 말함

6 환어음 기재사항

1) 필수 기재상항

환어음의 표시, 무조건 대금을 지급한다는 어귀, 발행한 사람의 날인, 발행 날짜, 발행지, 지급인과 지급지, 수취인, 지급 만기일

2) 임의 기재사항

환어음 번호, 신용장과 계약서 번호, 발행매수

✿ 힌트 : 받는 사람, 주는 사람, 날짜, 만기일 등은 중요한 사항이라 꼭 기재해야 한다. 어음 발행매수나 발행 번호는 있어도 없어도 그만인 임의조항이다.

7 추심 결제흐름(Collection Basis)

1) 추심 방식에서 은행은 서류인도와 지급을 대신하여 대금회수를 중개하는 역할을 한다. 수출상은 중개자 역할을 맡은 "은행"을 통해서 상품대금을 거두는 것이다.

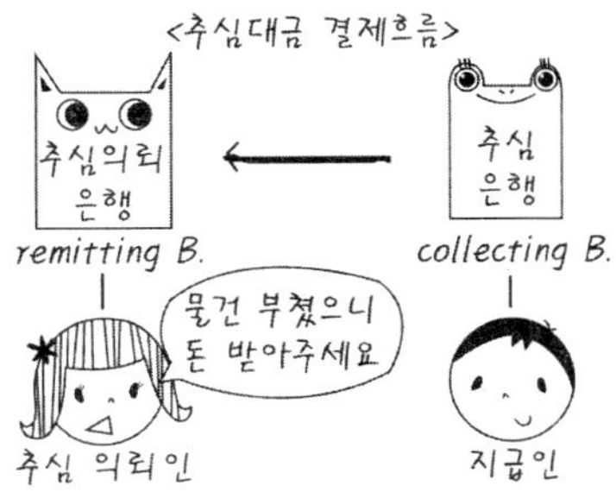

drawer, principal
payee, accounter

drawee
payer

2) 추심 거래자 호칭

	수출상	수입상
누가 무역거래를 하는가?	수출상(seller)	수입상(buyer)
누가 물건을 인수했는가?	상품인도자(consignor)	상품인수자(consignee)
누가 추심을 의뢰하는가?	의뢰인(principal)	지급인(drawee)
누가 어음을 발행하는가?	어음 발행인(drawer)	어음 지급인(drawee)
누가 대금을 지불하는가?	수취인(payee)	지급인(payer)
누구의 계정인가?	지불 계정자(accounter)	피계정자(accountee)

8 환어음의 종류

1) 기명식과 지시식

기명식 환어음 : 수취인 난에 이름을 기입한 것

지시식 환어음 : 수취인 난에 이름이 기재되지 않은 것

무역거래에는 환어음 이면에 이름을 배서하여(endorse) 자유롭게 유통하는 지시식이 많이 이용됨

2) 기명식과 지시식 표현

기명식 : "Pay to 홍길동" (홍길동에게 지급하라)

지시식 : "Pay to the Order of 홍길동" (홍길동 지시인에게 지급하라)

백지식 : "Pay to the Order of ______" (빈칸의 서명자, 즉 배서인에게 지급하라)

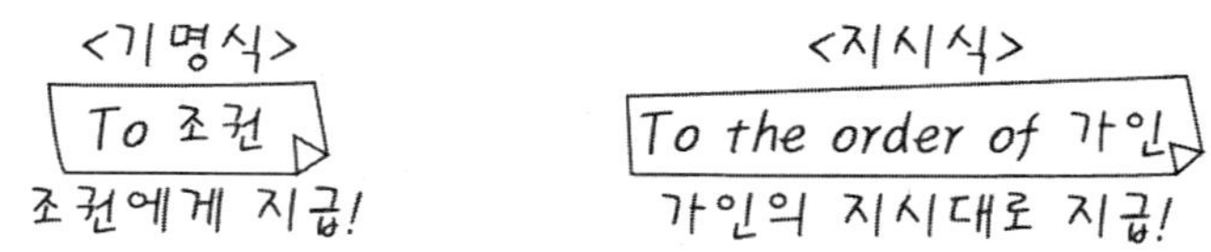

9 추심 결제의 장단점

장점 : 신용장을 발행하는 수수료와 비용이 절약되며 자기자본금 없이 어음 지불이 가능하기 때문에 수입상에게 유리함

단점 : 대금을 회수하는데 위험도가 높고 시일이 소요되어 수출상에게 불리함

10 기타 특수결제 방식

1) 팩토링 방식(factoring)

판매자 대신 팩토링 회사가 업무를 대신해 주는 방식으로 중소기업에서 많이 이용한다. 최장 180일의 단기금융, 10만 달러 미만 금융 거래에 이용된다. 자금회수를 회사가 보증하므로 위험부담이 적고 간편하나 자유롭게 이용하기는 어렵다.

2) 퍼페이팅 방식(forfaiting)

현금을 대가로 채권을 할인해 주는 방식으로 자금이 부족한 개발도상국에서 기계나 고가 장비 구입에 많이 이용한다. 최장 10년의 장기금융이고 거래액수도 크다. 그러나 어음소지자에게 소구권, 즉 대금상환 청구권(recourse)이 없어 위험부담이 높다.

11 대금결제 관련 영문

1) Bill of Exchange Act

A bill of exchange is an unconditional order, in writing addressed by one person to another, signed by the person giving it, requesting the person to whom it addressed to pay on demand or at fixed or determinable future time a sum certain amount in money to or to the order of a specified person, or to bearer.

환어음은 어음발행인(drawer)이 채권금액을 수취인(payee), 지시인(order), 또는 소지인(bearer)에게 지급일에 무조건 지급할 것을 위탁하는 유통증권이다.

2) 추심거래 용어 정의

A. The "principal" who is the party entrusting the handling of a collection to a bank.

추심당사자는 은행에 추심을 의뢰하는 사람이다.

B. The "remitting bank" which is the bank to which the principal has entrusted the handling of a collection.

추심의뢰 은행은 추심의뢰인에게서 추심을 의뢰받은 은행을 말한다.

C. The "collecting bank" which is any bank, other than the remitting bank, involved in processing the collection.

추심은행은 추심의뢰은행 이외에 추심과정에 참여하는 모든 은행을 지칭한다.

D. The "presenting bank" which is the collecting bank making presentation to the drawee.

제시은행은 지급인에게 어음 제시를 하는 은행을 말한다.

E. The "drawer" is the one to whom presentation is to be made according to the collection instruction.

지급인은 추심 지시서에 따라 제시를 받는 사람을 말한다.

연습문제

✵ 환어음 용어 연습

01 Collect : a) 추심하다 b) 매입하다

02 Accept : a) 매도하다 b) 매입하다

03 Remittance : a) 송금하다 b) 추심하다

04 Sight Draft : a) 일람출급 b) 환어음

05 Usance : a) 일람출급 b) 환어음

06 Advance payment : a) 선 지급 b) 연 지급

07 Deferred payment : a) 선 지급 b) 연 지급

08 Cash With Order :

a) 주문하고 현금결제 b) 배달받고 현금결제 c) 서류받고 현금결제

09 Cash On Delivery :

a) 주문하고 현금결제 b) 배달받고 현금결제 c) 서류받고 현금결제

10 Cash Against Document :

a) 주문 후 현금결제 b) 배달 후 현금결제 c) 서류 받고 현금결제

11 T/T : a) 전신환 b) 우편환 c) 환어음

12 M/T : a) 전신화 b) 우편환 c) 환어음

✹ 대금결제 약어 연습

13 D/P(지급도 조건) : Document against ________________

D/A(인수도 조건) : Document against ________________

14 CWO : Cash with ________________

COD : Cash On ________________

CAD : Cash Against ________________

15 송금방식에서 역환이 아닌 것

a) 우편송금방식 b) 추심 c) 신용장 거래

16 수출자에게 가장 유리한 것

a) T/T or M/T b) CWO
c) D/P d) D/A

17 수출자에게 가장 불리한 것

a) T/T or M/T b) CWO
c) D/P d) D/A

✿ 힌트 : 수출하는 사람은 미리 돈을 받는 사전 송금이 최고!
그러나 서류를 다 매입하고서 돈을 주는 D/A가 가장 불리한 제도임

18 대금결제에 필수 서류가 아닌 것

a) B/L
b) Insurance Policy
c) Commercial Invoice
d) Cover Note

19 다음 중 추심방식에서 수출업자를 지칭하는 말이 아닌 것 :

a) Principal
b) Drawer
c) Accountee

20 다음 중 추심방식에서 수입업자를 가리키는 용어가 아닌 것 :

a) Principal
b) Drawee
c) Accountee

✿ 힌트 : 단어 의미를 이해할 것
principal : 어음 발행 당사자
drawer : 어음 발행하는 사람. "draw" 란 "어음을 발행하는 것"
accounter : 계정자. --ee는 수동의미 이므로 accountee는 "피계정자"

21 회사가 판매자를 대신하여 금융 업무를 대신하는 것

a) 팩토링
b) 퍼페이팅
c) 추심

22 자금이 부족한 개발도상국에서 많이 사용하는 방식으로 현금을 대가로 채권을 할인하는 금융은?

a) 팩토링
b) 퍼페이팅
c) 추심

23 We draw a draft ( ) 30 d/s ( ) your favor.

▮해답▮ Unit 6 연습문제(대금결제와 환어음)

1. a)	2. b)	3. a)	4. a)	5. b)
6. a)	7. b)	8. a)	9. b)	10. c)
11. a)	12. b)	13. Payment/Acceptance		
14. Order/Delivery/Document		15. a)	16. a)	17. d)
18. d)	19. c)	20. a)	21. a)	22. b)
23. at/in				

실전문제

01 (   ) is an unconditional order, in writing addressed by one person to another, signed by the person giving it, requesting the person to whom it is addressed to pay certain amount at sight or at a fixed date.

1) Bill of Exchange
2) Letter of Credit
3) Bill of Lading
4) Transport document

02 (   ) means the giving of value for Draft(s) and or document(s) by the bank authorized to negotiation.

1) Acceptance
2) Letter of Credit
3) Payment
4) Negotiation

03 Draft(s) drawn without any shipping documents are called (   ), which enjoys less confidence because they do not carry with any securities.

1) Usance Bill
2) Demand Draft
3) D/A Bill
4) Clean Bill

04 All draft must be (   ) the Hankook Bank, L/C No. and date of issue.

1) draw on
2) drawn on
3) drawn under
4) issued on

05 If a draft is payable upon presentation to the drawee, it is classified as (   ).

1) demand draft
2) time draft
3) usance bill
4) D/A

06 (   ) is a speedy method of settlement as the importer's bankers will send to their correspondents in exporter's country a coded message ordering that the seller's account should be credited accordingly.

1) Cash with Order
2) Cash in Advance
3) At Sight Draft
4) Telegraphic Transfer

07 We hereby engage with the (   ), endorsers and bona fide holders that drafts drawn and (   ) with the terms of this credit will be duly honored on (   ) to the drawee.

1) sellers - presented - negotiation
2) drawers - negotiated - presentation
3) sellers - negotiated - presentation
4) drawers - presented - negotiation

08 다음 문장이 설명하고 있는 사람은?

> The person, as one of the main parties on a bill of lading, who is entitled to take delivery of the goods.

1) Shipper
2) Consignee
3) Notify Party
4) Carrier

09 수출상이 수입상에게 보낸 다음 거래는 어떤 지급조건인가?

> We have accepted your bill of exchange for US$ 35,800 drawn at 120 days after sight and duly received the relevant documents. The bill will be paid by us on a fixed date.

1) D/P　　2) D/A
3) COD　　4) CAD

10 If a draft is payable at 30 days or 60 days after sight or fixed date of draft, it is classified as (　　　　).

1) demand draft　　2) time draft
3) usance bill　　4) D/A

11 According to the terms agreed upon, you will please open an Irrevocable L/C (　　) our favor valid (　　) July 10 (　　) August shipment, (　　) which we will draw a draft (　　) 30 d/s after completing shipment.

1) on – unti – for – against – at　　2) in – until – for – under – at
3) of – by – during – under – by　　4) for – by – for – against – at

12 귀 계정은 현재 3개월 기간이 경과되었으니 미화 3만 달러의 수표를 5월 말까지 보내주시기 바랍니다.

1) Your account is now three months delay. Please provide us with your check for US$ 30,000 by end of May.
2) Your account is now three months overdue. Please favor us with your check for US$ 30,000 by the end of May.
3) Your account is now three months delayed. Please send us your check for US$ 30,000 by end of May.
4) Your account is now three months due. Please give us your check for US$ 30,000 by end of May.

13 "신용장 없이 지급도 조건으로 거래할 때는 거래할 때마다 매도인의 사전 승낙을 받도록 단서를 추가하려고 한다."의 옳은 영작문을 고르시오.

1) Business against D/P base without L/C should be subject to Sellers' previous consent in each case.
2) Business against D/P base without L/C should be subject to Sellers' previous notice in each case.
3) Business against D/A base without L/C should be subject to Sellers' previous consent in each case.
4) Business against D/A base without L/C should be subject to Sellers' previous notice in each case.

14 다음 설명과 관련 있는 것은?

> Your account shows an overdue balance of US$ 10,000 - which was payable on Oct. 30, 2004.

1) Claim Lette
2) Complain Letter
3) Cordial Letter
4) Collection Letter

15 밑줄 친 부분에 대한 설명으로 맞는 것은?

> Under the D/A contract, we have drawn on you at 30 d/s for US$ 15,000.

1) The issuing bank guarantees the amount owing to maturity date. So the exporter does not lose the amount.
2) The issuing bank guarantees the amount owing on maturity date. But the exporter may lose the amount.
3) If the importer does not pay the amount owing on maturity date, the exporter loses the amount.
4) Although the importer does not pay the amount owing on maturity date, the exporter does not lose the amount.

▮해답▮ Unit 6 연습문제(대금결제와 환어음)

1. 1)	2. 4)	3. 4)	4. 3)	5. 1)
6. 4)	7. 2)	8. 2)	9. 2)	10. 3)
11. 2)	12. 2)	13. 1)	14. 4)	15. 3)

Unit 07 대금결제와 신용장

인간관계

* It is his friends that make or mar a man.

(한 사람을 만드는 것도, 망치는 것도 바로 그의 친구다)

* Even reckoning makes long friends.

(공평한 계산이 오랜 친구를 만든다)

* A friend is easier lost than found.

(친구란 찾기보다 잃어버리는 것이 더 쉽다)

* A friend in need is a friend indeed.

(어려울 때 돕는 친구가 진실한 친구다)

Unit 07

대금결제와 신용장(L/C)

1 왜 신용장인가?

국제 무역거래에서 수출상은 대금을 꼭 받아야 하며, 수입상은 물건을 안전하게 인수해야 한다. 위험부담을 안고 있는 수입상과 수출상 사이에서 은행은 조건만 일치하면 대금을 지급하겠다는 약속증서인 신용장을 발급하여 대금지급과 상품인도를 양측에 각각 보증하는 것이다.

a. 수출상에게 주는 장점

안전하다 : 신용장 개설은행의 보증 약속으로 대금회수가 보장되기 때문

금융상 유리하다 : 신용장을 담보로 즉시 자금 회전이 가능하기 때문

b. 수입상의 장점

상품인수가 보장된다 : 증빙서류를 근거로 약정 기간이내 물품을 받을 수 있음

금융상 편리하다 : 자금이 없으면 수입화물대도(Trust Receipt, T/R)로 연장도 가능함

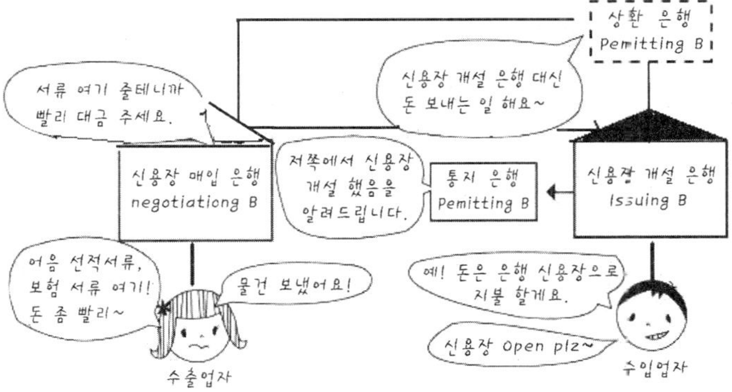

2 신용장 거래 흐름

1) 수입상(buyer)이 계약을 완료한 후 대금 지급을 위해 은행에 신용장 개설을 요청한다.

(importer, applicant, accountee, buyer, consignee)

2) 신용장 개설은행(Issuing Bank)이 신용장을 개설하여 대금지급을 약속한다.

이 단계에서 대금지급을 확약하는 확인은행(Confirming Bank)이 등장하기도 함

3) 통지은행(Advising Bank)

수출상 거래은행으로서 수출상에게 신용장 거래를 통보한다.

4) 수출상(Exporter)

신용장 수혜자로 대금을 받는다(Beneficiary).

(seller, shipper, consignor, drawer, payee, beneficiary, exporter)

3 신용장 거래 대금결제에서 호칭

	수 출 상	수 입 상
어떻게 거래를 하는가?	매도자(seller)	매수자(buyer)
누가 신용장을 발행하는가?	신용장 수혜자(beneficiary)	신용장 신청자(applicant)
누가 상품을 선적하는가?	상품 선적인, 화주 (consignor, shipper)	상품을 받는 수하인 (consignee)
누가 대금받는 계정인인가?	대금 계정자(accounter)	대금 피계정자(accountee)
누가 대금을 지불하는가?	대금 수취인(payee)	대금 지불자(payer)

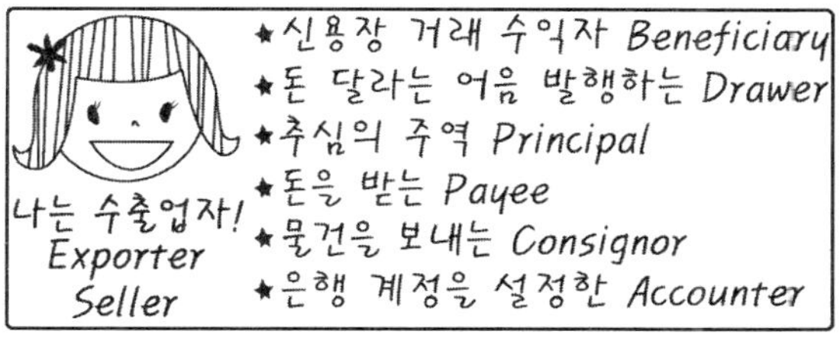

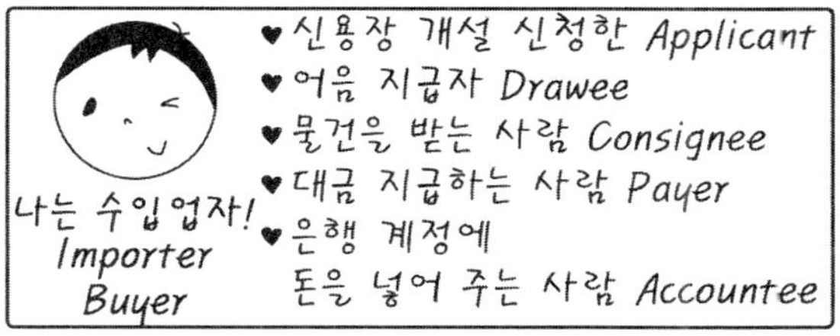

4 신용장 특징

1) 추상성

물건이 아닌 서류로 거래하는 것

2) 독립성

일단 신용장이 개설되면 당사자 계약보다 신용장 조건을 따라야 하며 수출상과 수입상은 은행에 청구권이 없다.

3) 한계성

신용장을 통한 거래이지만 은행은 서류를 근거로 대금을 지급해야 하는 한계가 있다. 때문에 서류가 신용장 조건과 엄격하게 일치하는 엄밀일치 원칙을 적용한다(Doctrine of Strict Compliance).

5 신용장 종류

1) 신용장 변경 조건에서

a. 취소가능 신용장(Revocable Credit) : 변경이나 취소가 가능한 신용장
신용장 개설은행과 수익자만 변경이나 취소를 할 수 있다.

b. 취소불가 신용장(Irrevocable Credit) : 변경이나 취소가 안되는 신용장
특별한 명시가 없으면 취소불가가 원칙이다. 서류를 은행에 제출해서 현금화했으면 취소나 변경은 안 됨

2) 대금지급 확인 조건에서

a. 확인 신용장(Confirmed Credit) : 신용장개설은행 이외 제3은행, 즉 통지은행(Confirming Bank)이 지급을 확인하는 경우

b. 미확인 신용장(Unconfirmed Credit) : 확인은행이 없는 경우

3) 자유거래 조건에서

a. 자유매입 신용장(Freely Negotiable Credit) : 일반적 신용장
매입, 인수, 지급이 자유로워 수익자가 마음대로 매입은행 선택이 가능함

b. 매입제한 신용장(Restricted Credit) : 매입이 특정은행으로 지정되어 유통이 안 됨

c. 지정 신용장(Straight L/C, Nominated L/C) : 배서인이나 선의의 소지인(Bona fide Holders)이 약정되어 있는 것

4) 대금 상환 조건에서

a. 상환청구가능 신용장(With Recourse L/C) : 지불대금을 은행이 수익자에게서 되돌려 받을 수 있는 신용장. recourse란 대금청구권(대금 소구권)

b. 상환청구불가능 신용장(Without Recourse L/C) : 대금을 돌려받을 수 없는 신용장. 그러나 한국 현행 어음법은 매입은행에게 청구권이 있어 개설은행에서 돈을 받으면 수익자는 지불한 매입금액을 반납해야 한다. 즉 우리나라는 적용이 안 됨

5) 자유 양도 조건에서

a. 양도불가능 신용장(Nontransferable L/C) : 아무런 표기 없으면 양도 안 됨

b. 양도가능 신용장(Transferable L/C) : 자유롭게 양도가 가능하다는 "transferable"으로 명시된 것, 수익자나 개설은행에 불이익만 없다면 변경도 가능하다.

■ 변경이 가능한 조건

a. 신용장의 금액이나 단가를 감액할 수 있으나 증액은 안 됨

b. 신용장 유효기간, 선적기간, 선적서류 제시기간을 단축할 수 있으나 연장은 안 됨

c. 보험액을 증액할 수 있으나 보험액 감축은 안 됨

✿ 힌트 : 금액과 보험료는 늘이고 기간은 단축할 수 있다는 것, 즉 은행에 손해없는 조건만 변경할 수 있음

6) 서류 구비조건에서

a. 화환 신용장(Documentary Credit) : 선적서류와 함께 제출

b. 무화환 신용장(Non-Documentary Credit/Clean Credit) : 서류 불필요
본사 지급 보증으로 서류가 필요없는 "깨끗한(clean)" 신용장

7) 대금 결제 기준 조건에서

a. 지급 신용장(Payment L/C)
일람지급(at sight) 신용장으로 환어음이 발행되지 않는다. 통지은행이 지급업무 담당. 부도처리가 되어도 대금 상환권이 없다(without recourse).

b. 매입 신용장(Negotiation L/C) : 일반 신용장으로 부도로 반환되면 청구 가능함(with recourse).

c. 연지급 신용장(Deferred payment L/C) : 신용장에 기재된 만기일에 지급

d. 인수 신용장(Acceptance L/C) : 어음 인수 후 만기일에 지급되도록 한 것
기한부 신용장(Usance L/C)으로 사용한다. Usance L/C에서 물품을 담보로 대금을 결제하는 수입화물대도(Trust Receipt)가 이루어짐

8) 구상무역 용도 신용장

a. 동시개설 신용장(Back-to-Back L/C) : 수입신용장과 동일 금액만큼 수출국에서 유효한 조건의 신용장

b. 기탁 신용장(Escrow L/C) : 신용장 대금을 기탁해두고 후에 대금결제에 이용하는 조건의 신용장

c. 토마스 신용장(Thomas L/C) : 수입신용장을 개설한다는 보증서 발행 조건 신용장

9) 특수 신용장

a. 보증 신용장(Stand-by L/C) : 신용장 개설은행이 지급을 보증하는 것

b. 회전 신용장(Revolving L/C) : 빈번한 거래일 때 편의상 자동 갱신되는 것

6 신용장은 어떻게 수리되나?

은행이 "최대 5영업일" 이내 서류를 검토하고 대금지급을 확약한다.

■ 신용장 수리자

1) 신용장 수익자나 발행인(Beneficiary or Drawer)
2) 신용장을 건네받은 선의의 소지자(Bona Fide Holder)
3) 신용장 권리를 이전받은 배서인(Endorser)

만일 서류가 일치하지 않으면 하자, 즉 불일치로 기록하여 처리한다.

✿ 힌트 : 개정된 UCP 600에서 신용장 수리기간이 기존 "제7 은행 영업일"에서 "최대 5영업일"로 변경됨

7 신용장 수리 서류

1) 원본포함 전통 3통을 은행에 제시해야 함

✿ 힌트 : 워낙 중요한 서류이므로 원본과 함께 3통 모두(전통) 제출해야 한다.

2) 운송인(혹은 운송대리인), 선장(혹은 선장 대리인)의 서명이 필요함

✿ 힌트 : 물건을 배에 선적했다는 확인이 필요하기 때문임

3) 운송 주선인(Freight Forwarder)의 발행 서류는 특약이 없으면 수리가 안 됨

✿ 힌트 : 운송 주선인이란 단지 주선한 사람에 불과하기 때문

4) 수리 가능한 표현기재

물건이 배에 실렸다는 "on board" "shipped" "on deck" 등 표현이 있어야 함

✿ 힌트 : 배에 물건을 실었음을 증명해야 결제가 됨

5) 접수만 완료한 수취선하증권(Received B/L)은 본선적재부기(On Board Notation)가 필요함

✿ 힌트 : 배에 실을 예정인 서류는 나중에 진정 배에 실었다는 "본선적재" 서류를 내야 한다. 약속만하고 배에 상품을 싣지 않으면 대형사고이니까.

6) "Sail only"도 용선계약에 따른다는 것이기 때문에 수리가 안 됨

7) 운송방법 변경은 금지조항만 없다면 가능함

운송을 교체하는 환적(transshipment), 나누어 싣는 분할선적(partial shipment) 모두 가능함

8) 보험서류는 Insurance Policy, Insurance Certificate, Insurance

Declaration은 수리된다. 그러나 보험중개인(Broker) 발행의 Cover Note는 안 됨

✿ 힌트 : 중개인은 그저 중개인일 뿐이고, Cover note는 계약 효력이 없다.

8 신용장 서류의 일치문제

a. 엄밀일치 원칙(The Principle of Strict Compliance)
송장과 신용장이 꼭 일치해야 함

b. 실질일치 원칙(The Principle of Substantial Compliance)
거래 원활을 위해 도입한 것, 예를 들어 Incheon을 Inchon으로 표기한 것도 편의상 인정함

9 과부족 약관 적용(Tolerance Clause)

덩어리로 취급하는 살물(bulk cargo)의 경우 선적 물건이 계약과 차이가 날 때 과부족 약관(More or Less Clause, M/L Clause)을 적용함
About, Circa, Approximately 표현 있을 때 : 계약 10%까지 과부족 허용하나 이러한 표현이 없을 때는 ± 5%만 과부족을 허용함

10 기간 명시

- From, To, Until, Till : 익일 포함하여 계산
  after : 익일 불포함
  예) from 1 May to 10 May : 5월 10일 포함
  until 10 May : 5월 10일 포함
  after 10 May : 5월 10일 불포함, 즉 5월 11일부터임

- Beginning, Middle, End : 각각 매달 1~10일, 11~20일, 21일 이후 말일을 지칭함
  예) In the middle of May : 5월 11일~20일까지

- On or About : 지정일자 포함한 5일 전후로 계산

예) on about May 20 : 5월 15일부터 5월 25일까지 총 11일

11 신용장 양도 조건

a. 1회에 한해서만 양도가 가능

b. "transferable"이란 문구가 있을 경우만 가능

c. 원신용장 조건에서만 가능

단 기간을 연장하거나 금액과 보험액을 증액하는 것은 안 됨

12 신용장 관련 영문해석

2007년 7월 ICC가 제정한 국제 신용장 통일규칙인 UCP 600(Uniform Customs and Practice for Documentary Credits)을 숙지할 것. 전자무역의 활성화에 따라 eUCP Version을 추가한다. eUCP는 UCP의 추가사항(supplement)이며 단독으로는 쓰이지 못함

✿ 힌트 : 세밀한 해석보다 각 조항의 핵심이 무엇인지를 파악할 것

1) 신용장 규칙적용

The Uniform Customs and Practice for Documentary Credits, 2007 Revision, ICC Publication No. 600, are rules that apply to any documentary credits, (including, to the extent to which they may be applicable, any standby letters of credit) when the text of the credit expressively indicates that it is subject to these rules. They are binding on all parties thereto unless expressly modified by the credit.

ICC 출판물 번호 제600호, 2007년 개정 화환신용장에 대한 통일규칙 및 관례(UCP)는 신용장의 본문에 이 규칙을 따른다는 문언을 명시적으로 삽입하고 있는 경우 모든 화환신용장(신용장)(적용가능한 범위 내에서 보증신용장을 포함)에 해당된다. 신용장에 명시적으로 수정되거나 배제되지 아니하는 한, 본 규칙은 모든 관계 당사자를 구속한다.

2) 신용장 관련 핵심용어 정의

a) Advising bank :

the bank that advises the credit at the request of the issuing bank

b) Applicant :

the party on whose request the credit is issued

c) Banking day :

a day on which a bank is regularly open

d) Beneficiary :

the party in whose favour a credit is issued

e) Complying presentation :

a presentation that is in accordance with the terms and conditions of the credit

f) Confirming :

a definite undertaking of the confirming bank

g) Confirming bank :

the bank that adds its confirmation to a credit

h) Honour :

to pay at sight or to accept a bill of exchange

i) Issuing bank :

the bank that issues a credit at the request

j) Negotiation :

purchase by the nominated bank

k) Nominated bank :

the bank with which the credit is available

l) Presentation :

delivery of document under a credit

m) Presenter :

a beneficiary, bank or other party

For the purpose of these Articles, the expressions "Documentary Credit(s)" and Standby Letter(s) of credits "(hereinafter referred to as" Credit(s). mean any arrangement, however named or described, whereby a bank(the "Issuing Bank") acting at the request and on the instructions of a customer(the "Applicant") or on its own behalf.

3) 신용장 관련 특별조항

a) Credits, by their nature, are separate transactions from the sales or other contracts on which they may be based.

신용장은 성격상 근거가 되는 매매계약 또는 기타 계약과는 별개이다.

b) A Beneficiary can in no case avail himself of the contractual relationships existing between the banks or the Applicant and the Issuing Bank.

수익자는 어떠한 경우도 은행간 또는 개설신청인과 개설은행 간에 존재하는 계약관계를 원용하지 못함(즉 매매관계를 원용하여 관계은행에 청구권이나 항변을 할 수 없음).

c) In Credit operations all parties concerned deal with documents, and not with goods, services and/or other performances to which the documents may relate.

신용장 거래에서 모든 관계당사자는 서류로 거래하는 것이지 서류에 관련된 물품, 서비스, 그리고/또는 기타 의무이행으로 거래하는 것은 아니다.

4) 신용장 분류 항목

a) 매입 신용장

> We hereby engage with drawers, endorsers, and bona fide holders that drafts drawn under and negotiated in complied with the terms and conditions of this credit will be duly honoured on presentation and on a delivery of documents as specified.

신용장에 의거, 신용장 조건에 따라 발행될 환어음의 발행인, 배서인, 선의의 소지인에게 환어음의 제시 시에 정히 지급될 것이라는 것을 약정한다.

b) 연지급 신용장

> . . which is available with Issuing Bank by deferred payment at 90 days after the date of shipment against the following documents.

c) 제한 신용장

> negotiation under this credit is restricted to advising bank only

d) 회전신용장

> The amount of drawings under this credit becomes automatically reinstated on payment by us.

e) 과부족 허용 조항 관련문(M/L Clause, Tolerance Clause)

1. "5% more or less at seller's option"
2. "Seller has the option of delivering(or shipping) 5% more or less on the contracted quality"
3. "Quantity, unless otherwise arranged, shall be subject to a variation of 5% plus or minus at seller's option"
4. "Seller has the option of shipping 5% more or less on the contracted quality, such surplus or deficiency."

연습문제

01 다음 문구에 해당하는 신용장은?

1) ________ 신용장 :
which is available with us by sight payment against presentation of the following documents.

2) ________ 신용장 :
which is available with us by deferred payment at 60 days after the date

3) ________ 신용장 :
which is available with any bank by negotiation of beneficiary . . .

4) ________ 신용장 :
. . . negotiation under this credit is restricted to advising bank only.

5) ________ 신용장 :
. . the amount of drawings under this credit becomes automatically reinstated . . .

보기
일람지급 　 연지급 　 자유매입 　 매입제한 　 회전

02 신용장에 적절한 영작문

1) 신용장에 달리 명시되지 않았다면 :
(If, Unless) otherwise expressively stipulated in the Credit.

2) 60일 연지급 :
which is available with X Bank (at, by) deferred payment at 60 days

3) 일람지급 신용장
which is available with Issuing Bank by sight payment (for, against) presentation of the following documents.

4) 우리는 귀사를 수익자로 하여 상기 물품을 결제하기 위하여 천 달러의 취소불능신용장을 개설하였습니다.
We established an irrevocable L/C (in, at) your favor (for, at) $1,000 to cover the above mentioned goods.

03 신용장 대급지급은 선적서류 접수일부터 최대 제 ___ 영업일 이내 서류를 검토해야 함

04 신용장 관련서류

1) 통상 _____일이 경과한 선하증권은 _________B/L이라 하며 수리가 안 됨

2) 선하증권은 ___통이 발부되며 반드시 원본(포함, 불포함) 전통을 제시해야 한다.

3) 운송을 바꾸는 것을 __________(transshipment), 나누어 싣는 것은 _________ (partial shipment)이라 하며 금지조항만 없다면 허용한다.

4) _____________(forwarder)의 서명은 특약이 없으면 수리불가
보험중개인이 발행한 __________도 역시 수리되지 않는다.

5) 과부족 인용약관, M/L Clause는 __________Clause으로서 석탄, 곡물과 같은 bulk 수송에 해당된다. about, circa, approximately 표현이 있을 때는 약

____% 과부족을 인정하지만, 표현이 없으면 약 _____ % 과부족간 인정한다.

6) from, to, until, till는 지정일자 포함하나 _______ 는 지정일자가 불포함된다.

7) 신용장 서류에 필요한 서류가 아닌 것은?
(선하증권. 상업송장. 보험 증권. 보험 Cover Note)

8) 선적서류는 최대 5 ________까지 처리해야 한다.

9) 신용장 대금결제에서 매도인과 매수인의 다양한 명칭을 적어보시오.

상거래 입장에서	seller	buyer
수출입 담당 관점에서	exporter	
환어음 발행 관점에서	drawer	
추심 관점에서	principal	
신용장거래 수혜관점에서	beneficiary	
선적 담당 관점에서	consignor	
자금 계정관계에서	accounter	
대금을 지급하는 관점에서	payee	

▮해답▮ Unit 7 연습문제(대금결제와 신용장)

1. 1) 일람 2) 연지급 3) 자유매입 4) 매입제한 5) 회전

2. 1) Unless 2) by 3) against 4) in , for 5) for

3. 5)

4. 1) 21일 Stale(Dirty, Unclean) 2) 3, 포함 3) 환적, 분할선적
4) 운송 주선인, Cover note 5) Tolerance, 10, 5
6) after 7) 보험 Cover note 8) 영업일
9) (차례로)importer, drawee, drawee, applicant, consignee, accountee, payer

실전문제

01 Upon receipt of your confirmation of this order, we will open the Letter of Credit 60 days prior to the shipping date with an expiry date 15 days after the shipping date.

1) 당 주문에 대한 확인을 귀사가 받는 즉시, 당사는 선적일 후 15일간의 유효기간과 함께 선적일에 앞서 60일 동안 유효한 신용장을 개설하겠습니다.
2) 당 주문에 대한 귀사의 확인을 받는 즉시, 당사는 선적일 후 15일 이후에 효력이 끝나는 신용장을 선적일 이전 60일 동안 유효하도록 개설하겠습니다.
3) 당 주문에 대한 확인을 귀사가 받는 즉시, 당사는 선적일 60일 이전에 개설하겠습니다. 단, 신용장의 효력은 선적 후 15일까지입니다.
4) 당 주문에 대한 귀사로부터의 확인을 받는 즉시, 당사는 신용장의 유효기간이 선적일 후 15일까지인 신용장을 선적기일 60일 전에 개설할 것입니다.

02 Under the circumstances, we earnestly hope that you will extend the validity of the credit to the end of this month.

1) 어떠한 일이 있더라도 신용장이 이달 말까지 합법적으로 연장될 것을 진심으로 바라고 있습니다.
2) 사정이 허락하는 한, 신용장의 유효기간을 이달 말까지로 연장해 주시기를 진심으로 바라고 있습니다.

3) 상황이 이러하므로, 귀사께서 신용장의 유효기간을 이달 말까지로 연장해 주시기를 진심으로 바랍니다.
4) 신용장의 유효기간을 이달 말까지 연장해 주실 것을 진심으로 희망하는 상황입니다.

03 This credit is available by draft at sight drawn on us for the full invoice value.

1) 이 신용장은 송장 금액에 대해 개설의뢰인을 지급인으로 하여 일람출급으로 발행한 환어음의 매입이 가능한 신용장입니다.
2) 이 신용장은 송장금액 전액에 대해 당 은행에 관하여 일람출급으로 발행한 환어음의 매입이 가능한 신용장입니다.
3) 이 신용장은 송장금액에 대해 발행의뢰인을 지급인으로 하여 일람출급으로 발행한 환어음의 매입이 가능한 신용장입니다.
4) 이 신용장은 송장금액 전액에 대해 당 은행을 지급인으로 하여 일람출급으로 발행한 환어음의 매입이 가능한 신용장입니다.

04 A nominating bank must determine on the basis of the documents alone whether or not they appear on their face to be compliance with the terms and conditions of the credit.

1) 지시은행은 그 서류가 문면상 신용장 조건과 일치하는지 여부를 신용장 원본 자체만을 근거로 하여 결정하여야 한다.
2) 수권은행은 그 서류가 내용상 신용장 조건과 일치하는지 여부를 신용장 자체만을 근거로 하여 결정하여야 한다.
3) 지정 은행은 그 서류가 문면상 신용장 조건과 일치하는지 여부를 서류 자체만을 근거로 하여 결정하여야 한다.
4) 지시 은행은 그 서류가 내용상 신용장 조건과 일치하는지 여부를 서류자체만을 근거로 하여 결정하여야 한다.

05 운임 선급 착화통지서 지급인으로 표시되고 아메리카 은행의 지시식으로 작성된 무사고 선적 해상 선하증권 전통

1) Full set of clean on board ocean bills of lading made out to the order of the Bank of America, marked freight prepaid and notify accountee.
2) Full set of clean aboard ocean bills of lading made out on the order of the Bank of America, marked freight prepaid and notify account.
3) Full set of clean on board ocean bills of lading made out to the order of the Bank of America, marked freight payable and notify accountee.
4) Full set of clean at board ocean bills of lading made out by the order of the Bank of America, marked freight collect and notify account.

06 선적에 관한 지시사항과 신용장은 귀사의 계약서가 도착하는 즉시 보내드리겠습니다.

1) Shipping instructions and credit will be sent upon receipt of your contract.
2) Shipping order and credit shall be sent immediately receiving your contract.
3) Shipping instruction and L/C have to be sent as soon as receipt your contract.
4) Shipping order and L/C shall be sending after receipt of your contract.

✱ 다음과 관계가 깊은 것은?(7~9)

07 Special L/C

1) Open L/C
2) Packing L/C
3) Restricted L/C
4) Revolving L/C

08 General L/C

1) special L/C
2) open L/C
3) standby L/C
4) restricted L/C

09 Where the export sale is not an isolated transaction but the overseas buyer is a regular customer of the export, the buyer will arrange (   ) in favor of the latter.

1) a packing credit
2) a revolving credit
3) a standby letter of credit
4) an unconfirmed credit

10 (   ) means "A letter of credit used to guarantee either a monetary or nonmonetary obligation, whereby the issuer agrees to pay the beneficiary if the customer defaults on its obligation."

1) Red Clause Letter of Credit
2) Local Letter of Credit
3) Standby Letter of Credit
4) Back to Back Letter of Credit

11 (   ) chooses to advance funds to the seller against presentation of the documents required by the L/C.

1) Issuing bank
2) Negotiating Bank
3) Confirming bank
4) Advising bank

12 다음 밑줄 친 부분과 관련되는 것을 고르시오.

> We hereby issue (가) <u>in your favor</u> this documentary credit which is available by (나) <u>negotiation with any bank of your draft</u> at sight drawn on us

1) Applicant – Irrevocable Credit
2) Applicant – Open Credit
3) Beneficiary – General Credit
4) Beneficiary – Special Credit

13 다음 영어 지문이 지칭하는 신용장은?

A documentary credit issued by a bank on the strength of another credit.

1) Revolving L/C
2) Back-to-Back L/C
3) Transferred L/C
4) Standby L/C

14 A (　　　) credit may be amended or canceled by the issuing bank at any moment (　　　　　) to the beneficiary.

1) revocable – with expressly stipulated
2) irrevocable – with expressly stipulated
3) revocable – without prior notice
4) irrevocable – without prior notice

15 Unless otherwise stipulated in the Credit, the insurance document must be expressed in the same currency as (　　　　　).

1) the Bill of Lading
2) the Credit
3) the Bill of Exchange
4) freight prepaid

▮해답▮ Unit 7 실전문제(대금결제와 신용장)

1. 4)	2. 3)	3. 4)	4. 3)	5. 1)
6. 1)	7. 3)	8. 2)	9. 2)	10. 3)
11. 2)	12. 3)	13. 2)	14. 3)	15. 4)

■ 쉬어가는 페이지 (대금결제와 신용장) ■

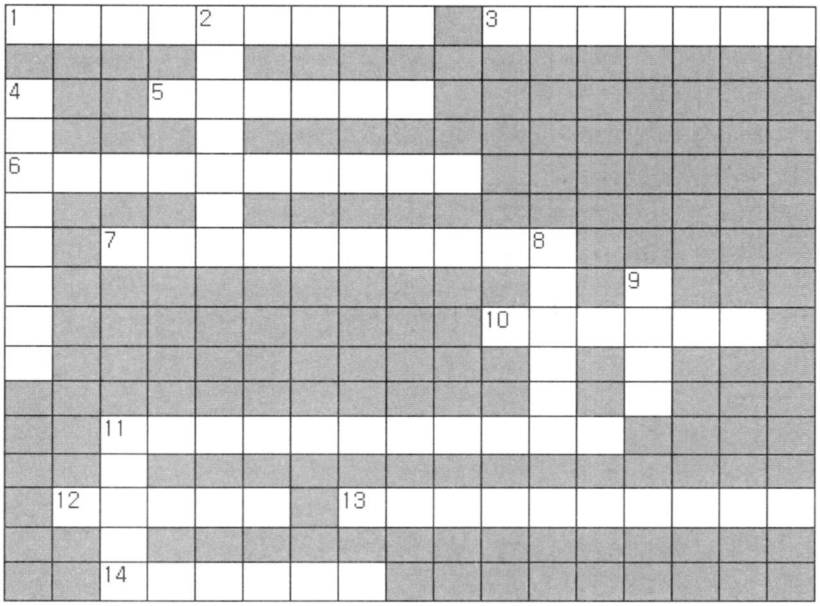

＊ 해답은 기출문제 앞(p.295)에 있음 ＊

✹ Your Crossword Puzzle

–ACROSS–

1. 신용장 개설의뢰자 : A __________
3. 유럽식 결제방식 : DOCUMENT AGAINST P__________
5. 추후 결제를 위한 대금기탁 신용장 : E__________ L/C
6. 신용장 확인은행 : C __________ BANK
7. 가장 일반적인 신용장으로 "매입" 신용장 : N__________ L/C
10. 신용장 결제에 꼭 필요한 선하증권 : Bill of L__________
11. 신용장 수익자 : B__________
12. 다음 중 수출상 명칭이 아닌 것은?
    (BENEFICIARY, CONSIGNOR, PAYER, ACCOUNTER)
13. 수출상에게 가장 불리한 결제방식 : D/A (DOCUMENT AGAINST
    ____

14. 다음 중 수입상 명칭이 아닌 것은? (DRAWER, CONSIGNEE, PAYER, ACCOUNTEE)

—DOWN—

2. 신용장 발행은행 : I____________ BANK
4. 대금상환 신용장 : WITH R_____________ L/C
8. 환어음 발행인 : D__________________
9. 선의의 소지자 : BONA __________ HOLDER
11. 수취 신용장에 필요한 서류로 본선에 선적했다는 증명서 : 본선 적재 부기서(ON B____________ NOTATION).

Unit 08 중재

절제

노하기를 더디 하는 자는 용사보다 나은 자이고,
자기의 마음을 다스리는 자는 성을 빼앗는 자보다 나으니라.

〈잠언 16: 32〉

Unit
08

중 재

1 왜 중재가 필요한가?

무역에서 손해가 발생하면 화물 도착 후 10일 이내 클레임(claim)을 청구할 수 있다. 이때 천재지변 같은 불가항력 상황(Force Majeure, Act of God)이면 책임을 면할 수 있다. 그러나 상품 인도 거부, 계약내용 불이행, 부당한 클레임 제기와 같은 문제가 발생하면 제3자가 개입하여 양측 의견을 조율하고 문제를 해결하는데 이 과정을 중재라 한다.

<중재>

2 중재는 어떻게 이루어지는가?

클레임이 제기되었을 때

첫째, 당사자간 자율적 합의로 우호적 해결(amicable settlement)에 도달하는 방법
둘째, 제3자가 개입하여 조정을 거쳐 해결하는 중재 방법

중재는 (알선) → (조정) → (중재) → (소송) 단계로 진행된다.

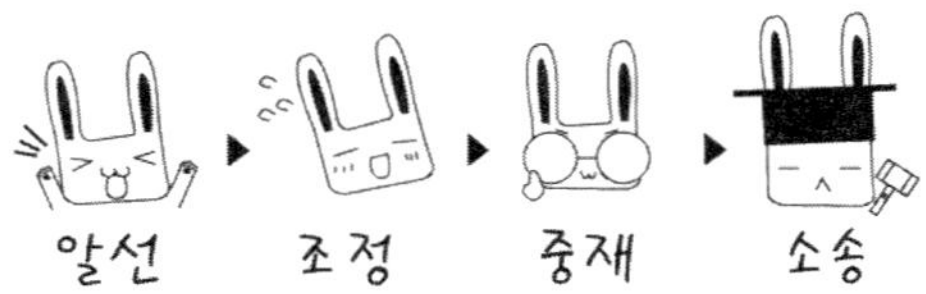

<중재단계>

3 중재의 첫 단추 : 알선(Intercession)

당사자 요청으로 제3자가 개입하여 조언하고 타협하는 단계로 법적 강제력이 없다.

4 중재의 두 번째 단계 : 조정(Concilation : Mediation)

제 3자가 개입하여 합의하도록 유도하는 단계로 양쪽 당사자가 합의하면 중재판결과 같은 효력을 지닌다. 그러나 어느 한편에서 거부하면 강제력이 없다.

5 중재과정의 핵심 : 중재(Arbitration)

1) 법원소송 대신 제3자의 중재판결로 해결하는 단계

쌍방이 중재로서 합의하기로 결정했을 때 적용되며 중재판결에 복종해야 한다.

2) 중재계약

중재조항 방식 : 계약서 중재조항에 의한 것
중재부탁 방식 : 분쟁 발생 이후 당사자 합의에 의한 것

3) 중재 판결은 단심제로 구성되며 1개월 이내에 해결한다.

이유는 무역거래 실무 당사자의 신속하고 합리적인 판단을 위해서이다.

4) 중재 판결은 법원의 확정판결과 같은 법적 집행력이 있다.

5) 중재판결은 UN협약(New York Convention)에 따라 외국에서도 동일한 효력을 갖는다. 뉴욕판결은 중재판결을 승인하고 집행하는 국제규약이며, 국내 판결은 **대한 상사중재원** 판결에 따른다. 중재는 국제 협약에 따라 회원국간의 승인과 집행이 보장된다.

6) 중재는 기업 기밀유지를 위해 비공개가 원칙이다.

6 마지막 단계 : 소송(Litigation)

법원의 판결로 해결하는 방안으로 상대방 국가에서는 법적 효력이 없어 집행력이 보장되지 않는다. 때문에 계약서에 분쟁국가 법을 명시하는 준거법(Governing Law) 조항을 넣기도 한다.

7 중재 합의 3 요소

중재지, 중재기관, 준거법(Governing Law)

✿ 힌트 : 법을 집행하기 위해서는 법, 재판 장소, 재판기관이 꼭 필요하다.

8 중재의 장·단점

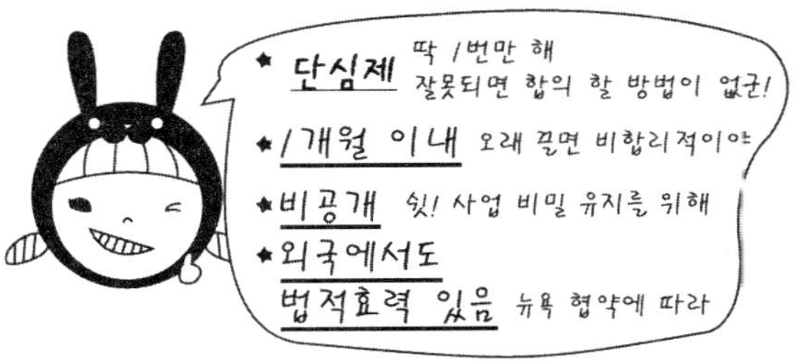

■ 장점 :

a. 자율성 : 법원에 의존하지 않는 자율적 분쟁 해결방법임

b. 저렴하고 신속함 : 단심제로 30일 안에 문제를 해결함

c. 전문성 : 국제상거래에 전문지식을 가진 중재 전문가가 판단함

d. 국제적 효력 : 외국의 판결이라도 효력을 지님
e. 비공개적 : 기업의 기밀 유지에 유리함

■ 단점 :

a. 단심재이기 때문에 오류가 있어도 상소할 수 없다.
b. 중재인의 주관적 견해 영향력이 커서 객관성이 떨어질 수 있다.

9 중재조항 관련영문

All dispute, controversies or differences which may arise between the parties, out of or in relation to or in connection with this contract, or for the breach thereof, shall be finally settled by arbitration in Seoul, Korea in accordance with the Commercial Arbitration Rules of the Korean Commercial Arbitration Board and under the Laws of Korea. The Award rendered by arbitrator(s) shall be final and binding upon both parties concerned.

계약상 분쟁을 재판에 의하지 않고 중재판결로 해결하기로 하는 당사자간 합의를 기재한 조항이다.

Any and all disputes arising from this Agreement shall amicably be settled as promptly as possible upon consultation between the parties hereto. The parties hereto agree that, should either party have been in a position to resort to a lawsuit, injunction, attachment, or any other acts of litigation, the Seoul District Court shall have the Jurisdiction.

재판 관할조항 문구로 소송을 제기하는 재판소를 미리 약정한 것

연습문제

01 다음 의견조정 단계를 정리할 것.

(알선) →	( ) →	( ) →	(소송 or 기소)
(intermediation)	(conciliation)	(arbitration)	(litigation)

✿ 힌트 : 알(선) - 조(정) - 중(재) - 소(송)
"알조중소"로 암기!

02 다음 중 법적 구속력이 있는 것은?

알선 ( )　　조정 ( )　　중재 ( )　　기소 ( )

03 외국 국가에서도 국내와 같은 법적 효력을 갖는 것은?

알선 ( )　　조정 ( )　　중재 ( )　　기소 ( )

04 중재는 (단심제, 3심제)이다.

05 중재는 통상 (30일, 60일) 이내에 이루어진다.

06 중재는 타국에도 법적 효력을 발휘하나 기소는 (본국에서만, 외국에서도) 효력을 갖는다. 이를 방지하기 위해 분쟁 국가법을 계약서에 명시하는 (준거법, 준수법)을 특약에 넣는다.

07 다음 중 틀린 번역은?

1) 불가항력 : Force Majeure　　2) 중재 : Arbitration
3) 중재인 : Arbitrator　　4) 준거래조항 : Government Clause

▌해답▌ Unit 8 연습문제(중재)

1. 조정, 중재　2. 중재　3. 중재　4. 단심제　5. 30일
6. 본국에서만, 준거법　7. 4

실전문제

01 The award rendered by the arbitrators shall be final and binding upon both parties concerned.

1) 중재인들이 수여하는 상품은 쌍방 당사자가 반드시 수령하여야 한다.
2) 배심원들이 내리는 판단은 관계 당사자들이 번복할 수 없다.
3) 중재인들에 의하여 내려지는 판정은 최종적인 것으로 당사자 쌍방에 대하여 구속력을 가진다.
4) 배심원에 의하여 내려지는 판결은 불가침이고 당사자 쌍방을 묶어두고 있어야 한다.

02 중재인에 의하여 내려진 판결은 최종적인 것이 될 것이며 양당사자에게 지켜야 할 법적 의무를 지운다.

1) The judgement rendered by the arbitrator(s) shall be final and binding upon both parties.
2) The judgement rendered by the judge(s) shall be final and binding on both parties.
3) The award rendered by the arbitrator(s) shall be final and binding upon both parties.
4) The award rendered by the judge(s) shall be final and binding on both parties.

03 All (   ) which can not be (   ) settled between Seller and Buyer shall be finally settled by (   ) in Seoul, Korea in accordance with the Rules of the Korean Commercial Arbitration (   ).

1) claims – arbitration – amicably – committee
2) arbitrations – amicably – claim – Board
3) claims – amicably – arbitration – Board
4) arbitrations – amicably – arbitration – judgement

04 The Buyer shall be liable for and hold the Seller harmless from and against all losses and damages incurred and suits and claims brought by third party due to possible (   ) of trademark, patent, copyright and so on.

1) breach
2) warranty
3) infringement
4) force majeure

✿ 힌트 : infringement : (특허, 판권 등) 침해
breach : (법률, 도덕 등) 위반

05 (   ) claim beyond the amicable adjustment between Sellers and Buyers is to be settled (   ) arbitration (   ) destination.

1) Any – by – at
2) All – by – at
3) Any – with – at
4) All – with – at

06 다음 설명과 가장 관련이 있는 것은?

> All disputes, controversies, or differences which may arise between the parties, out of or in relation to or in connection with the Agreement, or for the breach thereof, shall be finally settled by arbitration in Seoul, Korea.

1) Claim Clause
2) Arbitration Clause
3) Force Majeure Clause
4) Assignment Clause

07 아래 내용과 가장 거리가 먼 것은?

> The act of the third person in intermediating between two contending parties with a view to persuading them to adjust or settle their dispute.

1) compromise
2) intercession
3) mediation
4) arbitration

08 상사 분쟁을 중재로 해결하기 위해서는 중재계약이 있어야 한다. 당사자간의 중재계약에 합의되어야 할 3 요소가 아닌 것은?

1) 중재지
2) 중재기관
3) 준거법
4) 재판관할조항

09 다음 중 ADR(Alternative Dispute Resolution)에 해당되지 않은 것은?

1) arbitration
2) mediation
3) conciliation
4) litigation

10 다음 중 중재절차를 바르게 나타낸 것은?

1) 중재계약 → 중재심리 → 중재신청 → 중재판정
2) 중재신청 → 중재계약 → 중재심리 → 중재판정
3) 중재신청 → 중재계약 → 중재판정 → 중재심리
4) 중재계약 → 중재신청 → 중재심리 → 중재판정

11 다음 중재계약에 대한 설명 중 잘못된 것은?

1) 중재계약은 분쟁발생 후에는 체결될 수 없다.
2) 중재계약에는 중재장소, 중재규칙, 중재기관 등이 명시된다.
3) 중재기관은 원칙적으로 서면에 의한 협의가 있어야 한다.
4) 중재계약에서는 중재인을 지정하지 않아도 된다.

▌해답▌ Unit 8 실전문제(중재)

1. 3)	2. 3)	3. 3)	4. 3)	5. 1)
6. 2)	7. 1)	8. 4)	9. 4)	10. 4)
11. 1)				

Unit 09 관세, 대외무역, 전자무역

성공하는 직장인이 되려면,

1. 직장은 사교클럽이 아니라 치열한 삶의 전쟁터임을 명심하고 철저한 프로 정신으로 업무에 임하라.

2. 업무와 직장 문화에 신속하게 적응하라.
   성취감을 맛볼 수 있는 일을 찾아내고, 조직 안에서 인맥을 형성하라.

3. 기회를 기다리지 말고 기회를 만들어라.
   적극적으로 자신을 알리고 능력을 발휘할 때 기회가 찾아온다.

– G. Evans (전 CNN 부사장) –

Unit 09

관세, 대외무역, 전자무역

1 관세란?

관세란 국가가 재정수입 목적으로 헌법 규정에 따라 물품에 부과하는 간접세로서 수입품에게만 부과하며 수출품은 관세가 없다. 사치품이나 완제품은 중과세를 부여하지만 생활필수품과 원자재는 경과세를 적용한다. 즉 고가품이나 완제품은 관세가 높고, 생활필수품과 원자재는 관세가 낮다.

2 왜 관세가 필요한가?

1) 조세수입으로 국가재정을 높인다.
2) 국내 산업을 보호하고 수입물품을 억제한다.
3) 국산 원자재 사용을 촉진하여 외화 소비가 감소된다.
4) 수출을 촉진시킨다.

3 관세의 종류

1) 수출세(Export Duties), 수입세(Import Duties), 통과세(Transit Duties)

보통 수입품에 관세를 매기는 수입관세를 적용한다.

2) 재정 관세와 보호 관세

재정 관세(Revenue Duties) : 국가 재정확보를 위해 부과하는 관세
보호 관세(Protective Duties) : 국가 사양사업 보호를 위해 부과하는 관세

3) 물품 단위에 따른 과세

종가세(Ad Valorem Duties) : 가격에 따른 과세
대부분 가격에 따라 과세하는 종가세를 채택함
종량세(Specific Duties) : 중량에 따른 과세, kg 당 세율을 적용함
혼합세(Combined Duties) : 종가세와 종량세를 혼합한 것

<종가세>

<종량세>

4) 국정관세(National Duties)

국가가 정한 법률에 따라 관세를 부과
협정관세(Conventional Duties) : 국가나 국제기구의 협정에 따라 부과
편익관세(Beneficiary Duties) : 국제관계 개선이나 혜택을 위해 부과

4 관세 납부방법

1) 관세감면제도

관세를 조건 또는 무조건적으로 감면하거나 면제하는 제도

2) 분할납부제도

5년 기간 내에 할부로 납부하는 제도

5 수출지원 관세제도

1) 관세 환급제도

수입할 때 낸 관세를 수출시 환급해 주는 것

2) 수출 자유지역

수출 촉진, 고용 증대를 위해 특수 지정된 지역에 관세를 지원함

6 관세 부과 대상

수출품이 아닌 수입품, 즉 내국물품이 아닌 외국물품에 관세를 부여한다.
내국물품인가, 외국물품인가의 구분은 생산지가 아니라 신고 여부로 결정한다.
즉 수출신고를 했으면 수출품, 수입신고를 마쳤으면 내국물푹으로 븐류한다.

7 관세 부과의 네 가지 조건

1) 납세의무자

누가 관세를 납부하는가의 문제
일반적으로 물품 수입 화주, 보세구역 물건 양수자, 선하증권 송화인이 납부한다.

2) 과세 대상

수입품, 유체물에 부과한다. 반송품, 수출품, 형체가 없는 물건은 제외한다.

3) 과세표준

물건값에 따라 과세하는 종가제도를 적용하며 환율로 환산하여 결정한다.

4) 관세율

HS Code(Harmonized System)라는 국제통일시스템으로 분류하여 과세비율을 적용한다.

8 관세환급 제도

원자재를 수입하여 제조해서 수출했을 때 이미 납부한 수입세를 돌려주는 제도로 수출자에게 환급 특례법으로 환급한다.

■ 환급 대상

1) 수입시에 관세를 납부한 경우
2) 물품을 수출에 이용한 경우
3) 일정기간(보통 2년) 이내에 수출한 경우
4) 환급 특례법에 적용되어 원자재가 수출품 재료로 사용되거나 재수출한 경우

9 덤핑방지 관세(Anti-Dumping Duty)

국내 가격보다 수입품 가격이 너무 저렴하여 피해가 발생할 때 부과하는 관세

10 일반특혜 관세제도(GSP : Generalized System of Preferences)

선진국이 개발도상국 제품에 대해 관세를 없애거나 낮춰 주는 제도로서 혜택을 주는 나라는 공여국가, 혜택받는 나라는 수혜국가로 분류한다. 우리나라는 GSP 수혜국에서 공여국으로 전환되었다.

2010년 12월부터 150여 후진국과 개발도상국에 GSP를 시행함

✿ 힌트 : 우리나라는 GSP의 "혜택을 받는" 국가에서 "혜택을 주는" 국가로 위상이 달라졌음

11 원산지 증명서

1) 특혜용 원산지 증명서(GSPCO)

관세 특혜를 위해 상공회의소나 세관에서 발행함

2) 원산지 증명서(Certificate of Origin : C/O)

일반적 원산지 증명서로 수출국 상공회의소나 수입국 영사가 발행함

<원산지 증명서>

12 관세종류

1) 상계관세(Countervailing/Compensation Duty)

장려금이나 보조금이 지급된 수입품의 피해를 "상쇄"하기 위한 관세

2) 조정관세(Adjustment Duty)

수입자율화 부작용을 막기 위해 세율을 "조정"하기 위한 관세

3) 보복관세(Retaliatory Duty)

타국의 부당한 세율에 "보복"으로 부과하는 관세

4) 할당관세(Tariff Quota)

수입억제 또는 장려를 위해 특정 상품에 감세나 가산세를 할당하는 것

13 송장(Invoice) 종류

1) 상업송장(commercial invoice)과 선적송장(shipped invoice)

거래 후 대금청구를 위해 작성함

2) 영사송장(consular invoice)

외화도피 방지를 위해 수출국 주재 수입국 영사가 발행

3) 세관송장(Customers invoice)

수입 통관시 과세와 덤핑방지 확인을 위해 수출상이 작성함

4) 견적송장(Pro-forma invoice)

가격 계산용 송장으로 외환사용 허가서로도 사용

5) 견본송장(Sample invoice)

견본을 보낼 때 작성함

6) 위탁매매송장(Consignment/indent)

물품판매 위탁을 위한 것

14 관세법 규정에 따른 수입신고 유형 네 가지

1) 입항 전 수입신고
2) 출항 전 수입신고
3) 보세구역 장치 후 수입신고
4) 보세구역 도착 전 수입신고

15 대외무역

1) 3대 대외무역법 기본법 : 대외무역법, 외국환 거래법, 관세법

2) 무역업 신고는 폐지되고 한국무역협회의 HS Code 무역업 고유번호를 부여받음

3) KTNET이 수출입 승인을 EDI 방식으로 제공함

4) 우리나라는 수입불가 제품을 공고하는 Negative List System을 채택함
cf. Positive System : 수출가능제품을 나열하는 방식

5) 전략물자 수출입은 HS Code 대신 별도 통계부호를 사용함

6) 수입물품에 원산지 표시 의무 : 원산지 증명서(Certificate of Origin, C/O)를 부착함

7) 수입신고는 전자식 서류제출 방식인 EDI 수입통관 시스템으로 30일 이내 해야 함

8) 수입관련 서류는 5년, 수출관련 서류는 3년, 운송목록은 2년 동안 보관해야 함

9) 관세는 신고 후 15일 이내 납부해야 함

16 전자무역

인터넷상 무역거래는 상거래 웹사이트 e-marketplace로 이루어짐
청낙과 승낙은 도달주의를 적용하며 기밀을 위해 전자 인증서를 발급함

17 ATA Carnet

ATA 회원국간의 무관세 임시통관증서

✿ 힌트 : ATA는 프랑스어 "Admssion Temporair Carnet"의 약자. Carnet란 증서

18 관세 유예화

우루과이(UR) 협정에 따라 모든 상품의 예외없는 관세화로 인한 피해를 막기 위해 실시

연습문제

01 가격에 따라 관세를 매기는 제도는

1) Ad Valorem Duty　　　　2) Specific Duty

02 중량에 따라 관세를 매기는 제도는

1) Ad Valorem Duty　　　　2) Specific Duty

03 대부분 관세는 1) 종가세를 적용한다.　2) 종량세를 적용한다.

04 관세는 1) 수입물품에 부여하는 수입세이다.　2) 수출품에 부여하는 수출세이다.

05 장려금이나 보조금이 지급된 물품에 부여하는 관세

1) 상계관세　　　　2) 덤핑관세

06 선진국이 개발도상국가에 특혜를 주는 제도는

1) 덤핑방지 제도　　　　2) 일반특혜관세제도

07 우리나라는 관세

1) 공여국가이다　　2) 수혜국가이다

08 다음 중 관세를 환급하는 관세특례법(GSP)에 해당되지 않는 경우는?

1) 원자재 수입시에 관세를 납부한 경우
2) 관세 납부한 물품을 다시 수출한 경우
3) 원자재를 재수출한 경우
4) 물품에 필요한 모든 원자재를 수입할 때

09 관세특례법은 수입한 물건을 ____ 년 이내 다시 수출할 때 적용된다.

1) 1년　　2) 2년
3) 3년　　4) 5년

10 국가 재정 수입을 위해 부과하는 관세는 ______ , 국내 사업 보호를 위한 관세는 ______이다.

1) 재정 관세　　2) 보호관세

11 외화도피를 방지하기 위해 수출국에서 수입국 영사의 도장을 받는 것은?

1) 영사 송장(Consular Invoice)　　2) 세관 송장(Customers Invoice)

12 우리나라 대외무역은 수입금지 제품을 알리는 _______ 이다.

1) Negative System　　2) Positive System

13 모든 수입품에는 원산지를 나타내는 _______을 부착해야 한다.

1) HS Code　　2) Certificate of Origin

14 관세율은 품목별로 분류한 국제통일 시스템인 ________으로 이루어진다. 그러나 전력물자 수출입은 별도이다.

1) HS Code　　2) EDI System

▮해답▮ Unit 9 연습문제(관세)

1. 1)	2. 2)	3. 1)	4. 1)	5. 1)
6. 2)	7. 1)	8. 4)	9. 2)	10. 1), 2)
11. 1)	12. 1)	13. 2)	14. 1)	

실전문제

01 As it happened that the goods were not properly marked, I had to pay a duty which was a percentage of the value of the parts, I paid (   ) duty.

1) ad hoc
2) ad valorem
3) specific
4) taxation

02 외화가득액을 획득하기 위하여 원자재의 전부 또는 일부를 거래상대방으로부터 수입하여 가공 후 재수출하는 무역은?

1) 중계무역
2) 위탁가공무역
3) 중개무역
4) 수탁가공무역

03 현행 관세법에서 화주가 수입신고 시기를 필요에 따라 선택적으로 할 수 있도록 하고 있다. 이에 해당되지 않은 것은?

1) 입항전 수입신고
2) 출항전 수입신고
3) 보세구역 반출 후 수입신고
4) 보세구역 도착 전 수입신고

04 농림축산물 등 국제 경쟁력이 취약한 물품의 수입증가로 인하여 국내시장이 교란되거나 산업기반을 붕괴시킬 우려가 있어 이를 시정 또는 방지할 필요가 있는 경우에 적용되는 탄력관세는?

1) 덤핑방지관세
2) 상계관세
3) 조정관세
4) 할당관세

05 관세액을 계산할 때 "실재거래가격 × 과세환율 × 관세율 = 관세액" 과 같은 산식으로 부과하는 관세는?

1) 종가세
2) 종량세
3) 혼합세
4) 선택

06 다음 중 관세 산출방법이 잘못된 것은?

1) 종가세 적용시 관세 = 감정가격 × 관세율
2) 종량세 적용시 관세 = 수입물품의 금액 × 일정액
3) 특별소비세 = (감정가격 + 관세) × 1.1 × 특별소비세율
4) 부가가치세 = (관세의 과세가격 + 관세 + 특별소비세 또는 주세) × 부가가치세율

07 개발도상국이 외화도피를 방지하기 위하여 자국의 수입업자들에게 수출국에 주재하는 자국의 영사로 하여금 송장에 나타난 수출단가를 확인하게 하는 서류를 무엇이라 하는가?

1) Commercial Invoice
2) Consular Invoice
3) Customs Invoice
4) Certificate of Origin

08 A duty imposed to counter unfairly subsidized products by the importing country.

1) Anti-dumping Duty
2) Countervailing Duty
3) Ad Valorem Duty
4) Counter Trade Duty

09 수출국에서 수출 보조금이나 장려금 등을 지원받은 물품이 수입되어 산업에 실질적인 피해를 받거나 받을 우려가 있을 때 부과하는 관세를 무엇이라고 하는가?

1) 보복관세　　2) 상계관세
3) 긴급관세　　4) 조정관세

10 수출신고 수리를 한 후 세관이 신고인에게 발급해 주어야 하는 서류는?

1) 출항 허가서　　2) 선적 지시서
3) 수출신고필증　　4) 수출 허가서

▌해답▌ Unit 9 실전문제(관세)

1. 2)	2. 4)	3. 3)	4. 3)	5. 1)
6. 2)	7. 2)	8. 2)	9. 2)	10. 3)

Unit 10 수출입 관계서류

열정

천재는 노력하는 사람을 이길 수 없고,
노력하는 사람은 즐기는 사람을 이길 수 없다.

(영국속담)

희망이 있는 사람은 음악이 없어도 춤을 춘다.

(영국속담)

Unit 10

수출입 관계서류

1 착화통지서(Notify Party)

물건 도착을 알리는 통지서로 관세사가 기록함

2 백지백서(Blank Endorsement)

일종의 무기명 백서로서 공백에 배서(endorse)하여 마음대로 양도할 수 있는 것

예) 선하증권, 환어음

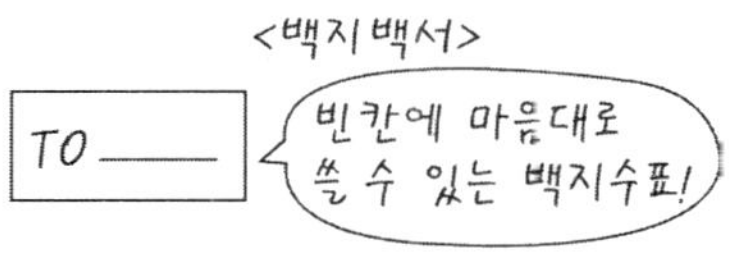

3 원산지 증명서(C/O : Certificate of Origin)

상품 생산지 또는 제조지 증명 서류로 수입국 영사나 수출국 상공회의소가 발행한다. 일반적인 원산지 증명서와 관세특혜를 위한 특혜 관세용 증명서가 있다.

4 출발예정일, 도착예정일

출발예정일 : ETD(Expected Time of Departure)

도착예정일 : ETA(Expected Time of Arrival)

✿ 힌트 : "에-뜨다"(ETD)출발, "에- 다"(ETA) 도착으로 외우자!

beginning : 매월 1~10일
middle : 매월 11~20일
end : 매월 21일~말일

5 무역계약 약정조건

1) 견본매매(Sales by Sample)

매매기준이 견본(샘플). 대부분 무역에 해당됨

예) 샘플 보시고 결정하세요.

2) 상표매매(Sales by Trademark)

유명 브랜드처럼 매매 기준이 상표로 통용됨

예) 로렉스 시계 10개

3) 규격매매(Sales by Specification)

매매 기준을 제품명세서(Specification)로 함

예) 자세한 설명서가 필요한 기계나 선박에 적용함

4) 표준품매매(Sales by Standard)

견본이 없는 천연농산물일 때 평균품질을 기준함

예) 농산물 거래

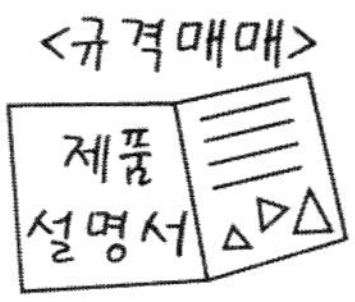

6 상품 품질조건

1) 평균중등 품질조건(FAQ : Fair Average Quality)

계절 중등 품질을 물품인도 조건으로 정하는 것

예) 농산물

✿ 힌트 : 이건 확(FAQ)--실한 중등품 농산물!

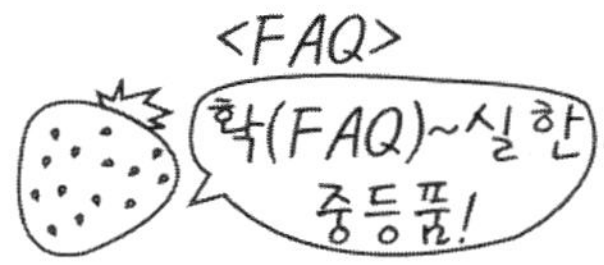

2) 판매적격 품질조건(GMQ : Good Merchantable Quality)

판매 적격 품질을 조건으로 정하는 것

예) 목재, 냉동어류

✿ 힌트 : GMQ? Good Morning, Quick-frozen Fish로 암기!

3) 보통 표준품질(U.S.Q : Usual Standard Quality)

공인 검사기관이 인정한 표준품으로 정하는 것

예) 원면, 인삼

7 운송의 품질조건

1) 선적품질 조건(Shipped Quality Terms)

배 선적시까지 매도인이 품질을 보장하는 것, 인코텀즈의 E.F.C 조건

2) 양륙품질 조건(Landed Quality)

배에서 내릴 때까지 품질을 보장하는 것, 인코텀즈의 D 조건

8 곡물류 품질결정 조건

1) T/Q(Tale Quale)

매도인이 상품을 배에 선적할 때까지 책임을 지는 조건

2) R/T(Rye Terms)

매도인이 곡물을 하역할 때까지 책임을 지는 조건

✿ 힌트 : rye란 귀리. 귀리가 쉽게 상해서 내릴 때까지 책임진 것이 아닐까?

3) Sea Damage(S/D : Sea Damage)

T/Q조건이라도 항해 중 바다물에 손상된 것을 책임지는 것

9 중량단위

1 Dozen = 12 pcs　1 Gross = 12 Dozen = 144 pcs

Small Gross = 10 Dozen = 120 pcs

Great Gross = 12 Gross = 144 Dozen = 1,728 pcs

L/T(Long Ton, English Ton) = 2,240 Lbs
M/T(Metric Ton, French Ton) = 2,204 Lbs
S/T(Short Ton, American Ton) = 2,000 Lbs

10 선적방법

다음 선적방법은 금지조항만 없으면 O.K

a. 분할선적 (Partial Shipment) : 나누어 싣는 것
b. 할부선적 (Installment Shipment) : 일정 기간 동안 기간별로 나누어 선적하는 것
c. 환적 (Transshipment) : 다른 배에 바꾸어 싣는 것

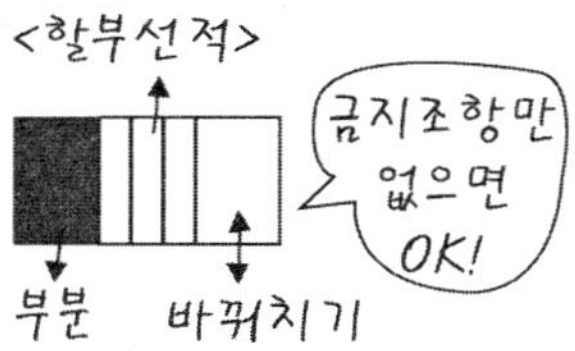

11 수출입 관련 서류들

1) 수입화물 선취보증서(Letter of Guarantee, L/G)

선하증권을 입수할 수 없을 경우 수입업자가 거래은행에 보증서만 일단 제출하고 추후 제출하는 일종의 보증서

2) 수입화물 대도(Trust Receipt, T/R)

일단 통관한 후 대금결제를 위해 화물을 신용으로 결제한다.

3) 전대 신용장(Packing L/C, Red Clause L/C)

배에 싣기 전 수출대금을 미리 지급하는 신용장. 미리 결제한다는 "빨간색" 글씨에서 유래되어 Red Clause라 불린다. 대금을 미리 지급해서 Advance Payment L/C, 대금 집하과정을 거치기 때문에 Packing L/C라고 한다.

✿ 힌트 : 대금을 모아서 주어 packing, 미리 돈을 주는 선수금이라서 빨간색

4) 회전 신용장(Revolving L/C)

계속 거래할 때 자동 갱신되어 반복사용 하는 것, 회전문처럼 자동으로 갱신되다.

✿ 힌트 : revolving door "회전문"

12 연계 무역 : 수출과 수입이 연계되는 무역거래

1) 물물교환(Barter Trade)

돈과 물건을 맞바꾸는 것. 단순거래이므로 신용장 개설이나 환거래가 필요 없다.

2) 구상무역(Compensation)

양 국가 간 수출입 균형을 유지하기 위해 대응수입 의무를 제3국에 전가하는 거래로 특수 신용장을 사용한다. 일반적 이행기간은 3년 이내이고 대응수입 비율은 20% 내지 100%이다.

A. 동시개설 신용장(Back to Back L/C) : 수입상이 정액의 신용장을 개설하면 상대방도 같은 금액의 수입 신용장을 발행해야 유효하다. 오늘날은 거의 이용하지 않는다. 내국인에게 발행되면 Local L/C, 외국인에게는 Sub L/C라 한다.

✿ 힌트 : back to back "서로 등을 마주 대하는 것"

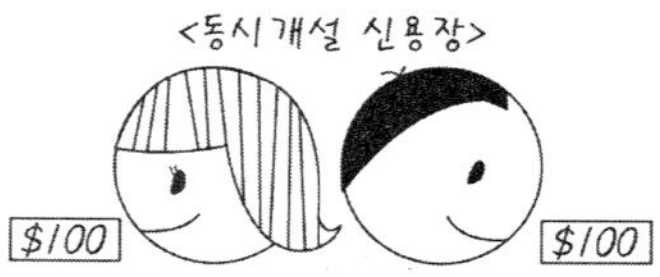

B. 기탁신용장(Escrow L/C) : 양국간 수출입금액 균형을 위하여 수출대금을 회수하지 않고 예치한 후 나중에 대금 결제에 이용하는 것, 연계무역에서 많이 이용된다.

✿ 힌트 : 돈을 예치-굴려(escrow)

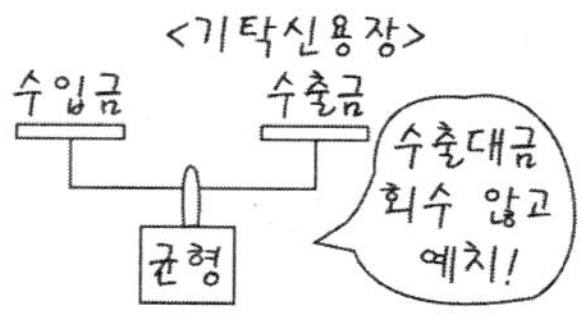

C. 토마스 신용장(Thomas L/C) : 추후 개설하겠다는 보증서 발행할 때 효력을 갖는 제한적 신용장. Thomas란 명칭은 이것을 처음 사용한 동경무역상사 약칭에서 유래한다.

✿ 힌트 : 토마스는 든든하게 보증해요!

D. eUCP : 전자 신용장

<토마스 신용장>

3) 대응구매(Counter Purchase)

대응무역에서 일정비율을 대응 수입하는 의무가 있는 거래로서 2개 별개 계약(two-way trade)으로 별도 계약서와 신용장을 이용하는 수출입 독립 거래이다. 의무 이행기간은 5년으로 제3국에 대응수입 의무를 전가할 수 있다. 구상무역처럼 제3국으로 전가할 수 있으나 수출과 수입이 별개인 점이 다르다.

4) 제품 환매(Buy Back)

플란트 건설과 같이 수출한 설비와 기술로 생산된 제품을 수입해 주는 거래이다. 이행기간은 보통 3~25년 정도이고, 제3국 전환이 가능하며, 비율도 100% 초과가 가능하다. 장비나 플란트 수출을 많이 하는 산업협력(industrial cooperation)에서 자주 이루어짐

5) 기타 여러 가지 무역

A. 수탁 가공무역

원자재를 수입한 후 물건을 만들어 위탁자나 지정업자에게 수출하는 것

B. 주문자 상표방식(OEM : Original Equipment Manufacturing)

생산자는 수입업자 상표를 부착하여 수출하는 것

C. 제조업자 개발생산(ODM : Original Design Manufacturing)

제조업자 기술을 바탕으로 제조하여 유통업계에 공급하는 것

자체 개발해서 생산하기 때문에 OEM방식 보다 부가가치가 높다.

D. 녹다운(Knock-down) 방식

완제품이 아니라 부품이나 반제품으로 수출하여 현지에서 조립 하는 것. 부분조립생산(Semi Knock Down, SKD)과 완전조립생산(Completely Knock Down, CKD)이 있다.

6) 전자무역

A. 금융데이터통신 네트워크

SWIFT(Society for Worldwide Interbank Financial Telecommunication)

송금, 추심 등 은행간 국제결제에 이용

✿ 힌트 : 외국으로 송금할 때 상대방 은행 swift cord가 필수인 점을 연상할 것

B. Trade card 시스템

신용장 업무, 추심을 은행이 지급 보증하는 것으로 중소 무역업자에게 유리하다.

세계무역협회가 주관한다.

C. 전자식 선하증권

Bolero(Bill of Lading Electronic Registry Organization). 선하증권과 무역서류를 전자화한 것으로 대기업에 유리하다.

D. CMI

전자식 선하증권에 관한 규칙을 제정한 국제해사 위원회

연습문제

01 각 서류의 명칭을 보기에서 고르시오.

보기

a) Notify Party
b) Blank Endorsement
c) Certificate of Origin
d) Letter of Guarantee
e) Trust Receipt
f) Packing L/C, Red Clause
g) Revolving L/C

1) 마음대로 유통할 수 있는 백지백서 : ___________
2) 물건 도착 통지서로 관세사가 기록함 : ___________
3) 상품의 원산지 증명서, 영사나 상공회의소가 발행 : ___________
4) 미도착 선하증권으로 거래를 위해 수입업자가 은행에 제출하는 연대 보증서 : ___________
5) 거래를 위해 신용을 빌려주는 것 : ___________
6) 회전문처럼 자동 계약이 되는 신용장 : ___________
7) 배에 물건을 싣기 전 미리 대금을 지급한 것. "적색"으르 기록 : ___________

02 다음에 맞는 교역 형태는?

보기

a) Buy Back
b) Counter Purchase
c) Compensation Purchase
d) Barter Trade

1) 공장이나 플랜트 수출처럼 수출한 물건을 구매해 주는 것 : ___________
2) 물건과 물건을 바꾸는 일종의 물물교환 : ___________
3) 수입의무를 제3국으로 전가하는 것, 특수신용장 사용 : ___________
4) 일정한 양의 물건을 수입할 의무가 있는 것 : ___________

▮해답▮ Unit 10 연습문제(수출입서류)

1. 1) b 2) a 3) c 4) d 5) e 6) g 7) f
2. 1) a 2) d 3) c 4) b

실전문제

01 Different from industrial products, the primary products are usually traded by way of (   ) determined by standardized products produced in a specific year and season.

1) Sales by Brand
2) Sales by Description
3) Sales by Sample
4) Sales by Standard

02 (   ) B/L is a document providing that shipment is to be delivered to the party whose name is shown in the consignee column instead of marking 'to the order of ABC bank or a person'.

1) Order
2) Negotiable
3) House
4) Straight

03 If you find your cargo dirty on the verge of shipment, you will have to tender (   ) to the shipping company to get clean B/L.

1) Letter of Indemnity
2) Letter of Guarantee
3) Letter of Credit
4) Letter of Collection

04 (　　　　　　) is the record or list of cargo loaded or discharged and (　　　　　　) is evidence that the goods have been loaded on board.

1) Cargo Receipt, Shipped B/L　　2) Cargo Receipt, Received B/L
3) Shipped B/L, Manifest　　4) Manifest, Shipped B/L

05 다음 영문이 설명하고 있는 선하증권은?

> A bill of lading evidencing that the goods have been received into the care of carrier, but not yet loaded on board.

1) Transshipment B/L　　2) Order B/L
3) Shipped B/L　　4) Received B/L

06 운송스케줄에 관한 정보를 표시하면서 ETD/ETA란?

1) 선적예정일/출항예정일　　2) 출항예정선박/도착예정선박
3) 적재예정일/양화예정일　　4) 출항예정일/도착예정일

07 다음 중 연계무역의 유형과 거리가 먼 것은?

1) Buy Back　　2) Barter Trade
3) Consignment Sale　　4) Compensation Trade

✿ 힌트 : consignment sale은 위탁판매

08 일반적으로 수출물품이 수출국으로부터 수입국으로 직접 이동되지 않고 제3국에 양륙되어 원형 그대로 수입국에 재수출되는 거래로서 일정한 수수료, 즉 외화가득액을 수취할 목적으로 행하여지는 무역은?

1) 수탁가공무역　　2) 연계무역
3) 중계무역　　4) 가공무역

09 다음 중 부적절하게 연결된 것은?

1) 전대신용장 – Red clause L/C
2) 기탁신용장 – Stand-by Credit
3) 동시개설신용장 – Back to back L/C
4) 양도가능신용장 – Transferable L/C

10 다음 중 품질조건을 약정하는 방법으로 적절하지 않은 것은?

1) 사과 – FAQ
2) 냉동대구 – TQ
3) 완구 – Sample
4) 철도차량 – Specification

11 인도상품의 품질이 선적시 및 선적장소에 있어서의 그 계절 출하품의 평균중등품질을 조건으로 하는 품질조건은?

1) G.M.Q
2) Rye Terms
3) T.Q
4) F.A.Q

12 다음 중 연계무역(counter-trade)에 해당하지 않는 것은?

1) 스위치 무역(switch trade)
2) 대응구매(counter purchase)
3) 구상무역(compensation trade)
4) 물물교환무역(barter trade)

13 다음은 품질의 결정방법에 관한 설명이다. 그 내용과 가장 가까운 조건은?

> 매도인은 매수인에게 냉동패류와 같은 물품의 품질에 대하여 적합성을 보장하여야 한다.

1) F.A.Q
2) G.M.Q
3) T.Q
4) DEQ

14 수출을 전제로 하여 상품을 수입한 후 자국에서는 일체의 가동을 하지 않은 상태에서 타국으로 재수출하는 경우의 무역은?

1) 중계무역(Intermediary Trade)
2) 중개무역(Merchandising trade)
3) 스위치무역(Switch Trade)
4) 우회무역(Round-about Trade)

15 신규로 해외시장을 개척하는 경우에 주로 이용되는 무역거래형태로서 물품을 해외 현지에 무환으로 수출하여 위탁판매 후 대금을 영수하는 무역거래 방식은?

1) 위탁가공수출
2) 중계수출
3) 위탁판매수출
4) 외국인도수출

16 Goods sold by sample shall be guaranteed by the seller to conform to sample upon arrival at destination 이 나타내고 있는 것은?

1) 선적 품질조건
2) 양륙 품질조건
3) 판매 적합 품질조건
4) 평균중등 품질조건

▌해답▐ Unit 10 실전문제(수출입서류)

1. 4)	2. 4)	3. 1)	4. 4)	5. 4)
6. 4)	7. 3)	8. 3)	9. 2)	10. 2)
11. 4)	12. 1)	13. 2)	14. 1)	15. 3)
16. 2)				

■ 쉬어가는 페이지(수출입 관계서류) ■

✺ **다음 빈칸에 맞는 숫자를 아래에서 고르시오.**

10	40	20	5	30	3	2	21

1. 선하증권은 최대 제 ____ 은행 영업일까지 수리되어야 한다.
2. 발행일 ____ 이 초과된 선하증권은 STALE B/L로 처리되고 수리되지 않는다.
3. 중재는 단심재이고 ____ 일 이내에 처리되어야 한다.
4. 신용장은 원본을 포함하여 ____통이 발급된다.
5. 수출서류는 ____ 년, 수입서류는 5년, 운송목록 서류는 2년 동안 의무적으로 보관해야 한다.
6. 원자재는 수입하여 가공해서 ___ 년 이내 수출하면 관세환급을 받을 수 있다.
7. 컨테이너 길이는 20피트와 _____ 피트가 있다.
8. 보험금보다 경비가 더 소요되는 소손해 면책비율은 보험가의 ____ % 미단일 때 적용한다.

* 해답은 기출문제 앞(p.295)에 있음 *

Unit 11 무역통신문

외로움

외로움이란 내안에서 우주를 찾는 기회입니다.
혼자있는 시간은 참으로 중요합니다.
혼자있는 시간에 거두는 결실이 매우 크기 때문입니다.
인간의 훌륭한 업적은 혼자있는 시간에 이루어집니다.
이는 곧 자신의 모든 것을 내적 탐구에 바쳐
마침내 내 안에서 우주를 찾아내는 작업이기 때문입니다.

– 문화영의 〈여유〉 에서 –

Unit 11

무역 통신문

최근에 영문서식 능력을 파악하는 문제가 많이 출제되고 있다.
자주 출제되는 영문 표현과 서식 형태를 익히기로 하자.

1 무역 서신 내용 연구

1) 본문 서두(Beginning of Body)

서신의 서두에는 인사말이나 관련 안건을 언급함

Thank you for your letter of May 1.

Referring to your request dated on May I . . .

We have received your B/L No. 23 . . .

Concerning the inquiry of leather gloves . . .

Enclosed are our documents related to the shipping . . .

Replying to your inquiry of the letter . . .

2) 본문 중심(Main part of Body)

서신의 주요 내용을 언급함

The new model you requested is now available.

Unfortunately, your credit standing is low.

We would like to place large order of electronic dictionaries.

I wonder if you could send us samples as soon as possible.

3) 본문 결말(End of Body)

미래 요청사항, 진행될 사항, 맺음 인사말을 언급

If you want to obtain permission from us, please feel free to ask us.

We are looking forward to hearing good news from you.

Your early reply would be greatly appreciated.

Please do not hesitate to contact our agent.

We would supply you with any other information.

2 무역서신 표현 연구

1) 직설적 표현보다 간접 표현을 자주 사용한다.

I want to receive our ordered items immediately.
→ I wonder if you could send us ordered items as soon as possible
→ I would appreciate if you could send us ordered items with hesitation.

We acknowledged your last order.
→ Your last order is acknowledged with thanks
→ We greatly appreciate your last order

2) 수동태 문장이나 수동적 표현이 자주 쓰인다.

I request you to send related documents immediately.
→ You are requested to send related documents immediately.

KBS Bank gave us your name.
→ Your name was given through KBS Bank.
→ We owe your name to KBS Bank.
→ Through the courtesy of KBS Bank, your name has come to us.

3) 정중한 표현이 되도록 would, should 등 동명사 과거형을 많이 사용한다.

Can I visit your factory in the near future?
→ Could you allow me to visit your factory in the near future?

4) 곤란한 내용은 상대방 입장을 배려하여 최대한 순화시킨다.

Your frequent late deliveries occurred.
→ Unfortunately, we have experienced repeated late deliveries.

5) 내용 전환 부사, 접속사 표현에 특히 유념한다. 가장 핵심 내용을 이끌어내기 때문

내용전환 접속사 : However, Furthermore, On the other hand, Therefore, etc

내용전환 부사 : Fortunately, Unfortunately, Surprisingly, Consequently, etc

Surprisingly, we couldn't receive your documents related to last shipping.
Unfortunately, quality of the items are below our expectation.

연습문제

01 다음 영문 표현이 서두에 오는 문장은 A, 결말에 오는 문장은 B로 분류하시오.

1) We would appreciate your prompt arrangement to this matter. ______
2) We are glad to introduce you to KBS Bank. ______
3) Please contact our local agent if you wish to enter into business with us. ______
4) We are sorry to have to call your attention to delivery of wrong goods. ______
5) We welcome the opportunity to report this credit standing. ______
6) We will provide you, upon request, with any other information. ______
7) We regret to inform you that we cannot ship the order within the shipping date. ______
8) Your prompt reply by E-mail will be appreciated by us. ______
9) We ask you to keep this information in absolute confidence. ______
10) We are in receipt of your firm offer dated May 10. ______

02 통신문에 문장 오류를 정정하시오.

1) If Should you be interested in our advertisement, please contact us.

____

2) Enclose are our price lists ordered by you ____________

3) We will keet it with strictly confidence. ____________

4) We owe name and address with KBS Bank. ____________

5) Your kind arrangement would be very much appreciate.

____

6) Please feel free to contact with us any time if you want.

____

7) You are request to send new samples without fail.

____

8) Concered your advertisement, we are glad to place order.

____

9) We would very much appreciate your informing to us of your experience.

____

10) Due to our tight finance, remittance is being delay.

____

▮해답▮ Unit 11 연습문제(무역통신문)

1.

1) B	2) A	3) B	4) A	5) A
6) B	7) A	8) B	9) B	10) A

2.

1) If 삭제	2) Enclose를 Enclosed로
3) strictly를 strict로	4) with를 to로
5) appreciate를 appreciated로	6) with 삭제
7) request를 requested로	8) Concerned를 Concerning으로
9) to 삭제	10) delay를 delayed로

실전문제

✱ 다음 문장의 순서를 바르게 나열한 것은?(1~4)

01

(A) Regarding our credit standing, we wish to refer you to Korea Exchange Bank, Seoul, and the Korean Consulate in Chicago.
(B) We will supply you, upon request, with any other information.
(C) If you care to deal with us on this basis, we would be pleased to give you further details of our business.
(D) As to the terms of business, we make it our custom to trade on a Banker's Irrevocable Letter of Credit, under which we draw a draft at sight.

1) (D)–(B)–(C)–(A)
2) (D)–(C)–(A)–(B)
3) (D)–(A)–(B)–(D)
4) (D)–(A)–(C)–(B)

✿ 힌트 : (B) "요청하면 정보를 보내주겠다"는 편지 결말에 쓰이는 표현

02

(A) Their paid-in capitals is registered at the district court as US$ 5 million, and they have no debt until now.
(B) We welcome the opportunity to favorably report on them without any responsibility on our part.
(C) We ask you to hold this information in absolute confidence.
(D) KBS Enterprises, founded twenty years ago, is operated by very active business people in business policy.

1) (D)－(C)－(B)－(A)　　2) (D)－(C)－(A)－(B)
3) (B)－(D)－(C)－(A)　　4) (B)－(D)－(A)－(C)

✿ 힌트 : (B) "We welcome opportunity to favorably report"
보고 할 기회를 환영한다는 내용은 서두에 쓰임
(C) ". . . hold this information in absolute confidence"
절대 비밀을 지켜달라는 내용은 결말에 쓰는 표현

03

(A) KBS Co 160 Exter Street, New York, has given us to your name as a reference and they are proposing to establish business relationships between us.
(B) Any information you may give us will be treated as strictly confidentials, and you will be quite free from and responsibilities concerning the contents.
(C) We are particularly interested to know in what line they are mainly engaged and if possible, your candid opinion on their financial status, their mode of doing business.
(D) Your cooperation and prompt attention to this matter will be much appreciated.

1) (A)－(B)－(C)－(D)　　2) (A)－(C)－(B)－(D)
3) (B)－(C)－(A)－(D)　　4) (B)－(A)－(C)－(D)

✿ 힌트 : (D) "당신의 협조와 조속한 관심에 감사할 것이다" 결말에 오는 표현
(A) "--가 당신이름을 조회해 주어 사업관계를 제안한다" 서두에 오는 표현

04

(A) They are producing and exporting a wide range of foods such as canned tuna, frozen food, etc.
(B) Please contact overseas trading team at info@korcham.com if you wish to open an account with them.
(C) We are glad to introduce to you Korcham Trading Co., Ltd.
(D) who export various foods of high quality to all over the world.

1) (A)－(B)－(C)－(D)　　2) (B)－(A)－(C)－(D)
3) (C)－(D)－(B)－(A)　　4) (C)－(D)－(A)－(B)

✿ 힌트 : (B) "연락해라"는 결말 표현 (C) "당신을 소개하게 되어 기쁘다"는 서두 표현

✽ 다음을 읽고 물음에 답하시오.(5~6) -2010년 6월

We are a large music store in the southern area of Seoul, Korea.
(A) We would like to know more about the re-writable and recordable CDs you advertise on this month.
(B) We would appreciate if you could send us some samples in order to know whether your CDs would be suitable for our domestic market.
(C) If they are of the standard we require, we will place a substantial order.

05 What is the purpose of this letter?

1) Reply to an advertisement　　2) Request for a prospectus
3) Reply to an order　　4) Request for a discount

06 위 서신에서 (A), (B), (C)의 순서로 가장 적절한 것은?

1) (A)－(B)－(C)　　2) (B)－(C)－(A)
3) (A)－(C)－(B)　　4) (C)－(B)－(A)

07 다음 서신의 순서가 가장 잘된 것을 고르시오.

(A) At this stage, I have not made any investigation of the status of the company.
(B) Enclosed for your evaluation is a report from a company in Seoul. I appreciate the quality of the English, and it was well prepared by the inventor of the system.
(C) Should you be interested in further details, I will be glad to obtain documents for you.
(D) It seems that there is considerable interest from other organizations, specifically in U.K. The inventor would be quite pleased with a share in the company.
(E) I look forward to some indication of your disposition in this regard.

1) (C)－(A)－(B)－(D)－(E)
2) (B)－(D)－(A)－(C)－(E)
3) (E)－(D)－(C)－(B)－(A)
4) (D)－(B)－(A)－(E)－(C)

08 다음 문장의 순서를 올바르게 나열한 것을 고르시오.

(A) The ABC Company has referred us to your name as a reference concerning the business relations. They proposed to open an account with us.
(B) Your prompt attention to this matter will be much appreciated.
(C) We shall much appreciate it, therefore, if you will inform us of their financial status and the general reputation in your city.
(D) We assure you that any information given to us will be kept for our information only.

1) (A)－(C)－(D)－(B)
2) (A)－(B)－(C)－(D)
3) (A)－(D)－(C)－(B)
4) (A)－(B)－(D)－(C)

✵ 아래 서한을 읽고 물음에 답하시오.(9~10)

Gentlemen :

(A) 당사는 당사 거래은행인 ACE 은행 부산지점으로 하여금 주문서 제113호의 금액에 대하여 귀사를 수익자로 하여 취소불능신용장을 발행하도록 오늘 지시하였습니다.

(B) Thank you for your e-mail message of July 20 accepting our order for leather jackets. We trust that you find the(가)(명세) of our order correct in every respect.

(C) 본 건에서 귀사께서 협조해 주시면 감사하겠습니다.

(D) As we need the merchandise very urgently, please expedite the shipment by the earliest vessel available.

Truly yours

09 위의 문장을 논리적으로 나열할 때 잘 된 것을 고르시오

1) (A)−(B)−(C)−(D)
2) (B)−(A)−(D)−(C)
3) (A)−(B)−(D)−(C)
4) (B)−(A)−(C)−(D)

10 다음 중 (A)의 우리말 부분의 영작이 잘된 것은?

1) We have been today instructed by our bankers, The Bank of ACE, Busan Branch to issue an irrevocable credit in favor of you on the amount of Order No. 113.
2) We have ordered our bankers, The Bank of ACE, Busan Branch today to open an irrevocable credit for your favor on the amount of Order No. 113.
3) Today we instructed our bankers, The Bank of ACE, Busan Branch to open an irrevocable credit for your favor on the amount of Order No. 113.
4) We have today instructed our bankers, The Bank of ACE, Busan Branch to issue an irrevocable credit in your favor for the amount of Order No. 113.

11 다음 문장을 논리적으로 배열한 것 중 적절한 것은?

(A) Our showrooms, situated in the centre of the town, also offer admirable facilities for display.
(B) We find your suggested terms satisfactory and shall be glad to receive your formal agreement for signature.
(C) We thank you for letter of 5th May and accept with pleasure your proposal to send us a representative selection of your nylons on a consignment basis.
(D) We have been in the textile market here for the past 15 years and believe that with our reputation and connections we can serve you well.

1) (C)－(B)－(D)－(A)　　2) (D)－(A)－(B)－(C)
3) (C)－(D)－(A)－(B)　　4) (D)－(B)－(A)－(C)

12 다음 문장을 논리적으로 배열한 것 중 적절한 것은?

(A) We trust, therefore, you will make every effort to revise your price.
(B) Your present prices actually are not competitive in the market. Therefore, we are unable to place an order with you at this time, even though we are favorably impressed with your samples.
(C) We have received your e-mail of May 10, 2010. We appreciate your supply of samples which are in accordance with our expectation.
(D) Under such circumstances, we have to ask for your most competitive prices on the particular items, your samples No. 10 and 11 which are in high demand.

1) (B)－(A)－(C)－(D)　　2) (B)－(D)－(C)－(A)
3) (C)－(D)－(A)－(B)　　4) (C)－(B)－(D)－(A)

▌해답▌ Unit 11 실전문제(무역통신문)

1. 2)	2. 4)	3. 2)	4. 4)	5. 1)
6. 1)	7. 2)	8. 1)	9. 2)	10. 4)
11. 1)	12. 4)			

Unit 12 영문 해석 연습(1)

분노

1. 당신의 나약한 모습을 보이지 말라.
   등은 똑바로, 어깨와 가슴을 활짝 펴라.

2. 절대 스스로를 비웃지 말고 침착하게 정신을 집중하라.

3. 친절하게 그러나 비굴하지 않게 처신하라.

4. 타인의 관심이나 동정심을 위해 스스로 약점을 노출하지 마라.

5. 무엇이 옳고 싫은가 분명하게, 침착하게, 장황하지 않게 전달하라.
   상대에게 감정적으로 맞받아치는 것은 절대 금물.

6. 내가 대접받고 싶은 대로 다른 사람도 대접하라.

바바라 베르크한

〈화나면 흥분하는 사람, 화날수록 침착한 사람〉

Unit 12

영문 해석 연습(1)

01 description of goods

a) 상품 명세서　　b) 상품 주문서

02 wrong goods against your order

a) 주문과 다른 상품　　b) 주문한 상품

03 be kept in strict confidence

a) 극비로 다루겠다.　　b) 엄격히 다루겠다.

04 We establish business relation with you

a) 귀사와 거래를 개시한다.　　b) 귀사와 거래를 종료한다.

05 We are pleased to recommend you

a) 귀사를 기꺼이 추천한다.　　b) 귀사를 당당히 추천한다

06 Attention of Mr. Kim

a) Mr. Kim 관심　　b) Mr. Kim 참조

07 We reduced your price to US$ 100

a) 가격을 $ 100로 인하한다.　　b) 가격을 $ 100로 인상한다.

08 We comply with your opinion

a) 당신 의견에 동의한다. b) 당신 의견에 반대한다.

09 concerning your request

a) 당신 요청에 관하여 b) 당신 요청에 염려하여

10 in your favor

a) 귀사를 수익자로 b) 귀사에 찬성하여

11 We quote on the item

a) 품목에 가격을 매기다. b) 품목을 인용하다.

12 We refered to K-mart

a) K-mart에 조회하였다. b) K-mart를 참조하였다.

13 Unless otherwise stipulated

a) 달리 명시되지 않으면 b) 달리 명시되면

14 The ship was due to sail for Seattle

a) 배는 시애틀로 출항할 예정이다. b) 배는 시애틀로 만기에 출항한다.

15 I have no choice but to give it up

a) 포기하는 수밖에 없다. b) 포기할 선택이 없다.

16 I'd like to introduce you to my friend

a) 당신을 내 친구에게 소개한다. b) 내 친구를 당신에게 소개한다.

17 Our customers are very particular

a) 우리 고객은 아주 특별하다. b) 우리 고객은 아주 까다롭다.

18 Please be strict with the quality and shipping date

a) 품질과 선적일을 엄격히 지켜주시오.

b) 품질과 납품일을 엄격히 지켜주시오.

19 The ship leave Singapore for Nakoya

a) 싱가포르 출항 나고야행 선박　　b) 나고야 출항 싱가포르행 선박

20 Unless otherwise stated

a) 다른 언급이 없다면　　b) 다른 조항이 명시되면

21 We have to charge you an interest

a) 귀사에게 이자를 부과할 수밖에 없다.

b) 귀사에게 관심을 두어야겠다.

22 We shall be glad to be of service to you

a) 당사는 기꺼이 귀사의 서비스를 요청한다.

b) 당사는 기꺼이 귀사를 도와드리겠다.

23 upon presentation

a) 제시되면　　b) 발표하면

24 We wish you would honor this draft upon presentation

a) 환어음이 제시되면 지급해 주시기 바란다.

b) 환어음이 제시되면 인수해 주시기 바란다.

25 subject to receiving your reply by the end of the month

a) 월 말까지 당신의 답변을 받는 조건으로

b) 월 말까지 당신의 답변을 받는 상황하에

26 the said field

a) 위의 분야에서　　b) 언급된 분야에서

27 in perfect confidence

a) 아주 자신있게　　b) 완전한 비밀로

28 on the net dates

a) 지연된 날짜에　　b) 제 날짜에

29 A is in the market

a) A는 매매가 잘되고 있다.　　b) A는 시장에 있다.

30 without recourse to K

a) K에게 상환청구없이　　b) K에게 손해없이

31 We owe your name to X company.

a) 당신 이름을 X 회사로부터 알게 되었다.
b) 당신 이름을 X 회사에게 알려주었다.

32 Enclosed are the copies of all your outstanding accounts.

a) 귀사의 미불 계정금을 동봉한다.　　b) 귀사의 탁월한 계정을 동봉한다.

33 It was handled carelessly in the course of transit.

a) 교환 도중 부주의하게 다루어졌다.
b) 운송도중 부주의하게 다루어졌다.

34 We must disclaim all liabilities.

a) 우리는 모든 책임이 면제된다.　　b) 우리는 모든 책임을 요구한다.

35 We decided to meet you halfway.

a) 우리는 귀사와 중도에 만나기로 결정하였다.

b) 우리는 귀사와 타협을 결정하였다.

▮해답▮ Unit 12 영문 해석 연습(1)

(1~10)

1. a)	2. a)	3. a)	4. a)	5. a)
6. b)	7. a)	8. a)	9. a)	10. a)

(11~20)

11. a)	12. a)	13. a)	14. a)	15. a)
16. a)	17. b)	18. a)	19. a)	20. a)

(21~35)

21. a)	22. b)	23. a)	24. a)	25. a)
26. b)	27. b)	28. b)	29. a)	30. a)
31. a)	32. a)	33. b)	34. a)	35. b)

✺ 틀린 영문해석에 X표 하시오.

01 도움에 감사드립니다 :

a) We are obliged your help.
b) We appreciate your help.
c) We thank you very much for your help.
d) We apologize for your help.

02 극비로 :

a) in confidential
b) as strictly confidential
c) in strict confidence
d) in absolute confidence

03 때문에 :

a) owing to
b) provide for
c) because of
d) thanks to

04 언급한 은행은

a) the above referred bank
b) the above bank
c) the above mentioned bank
d) the following bank

05 즉시 :

a) promptly
b) urgently
c) without loss of time
d) suddenly

06 요청한 바와 같이 :

a) as you requested
b) comply with your request
c) as your requested
d) as requested

07 대기업 :

a) leading company
b) well-known company
c) long-established company
d) prime company

08 약 $100 :

a) on or about $100
b) around $100
c) roughly $100
d) almost $100

09 10% 할인하겠다 :

a) We give you a 10% discount
b) We grant an allowance of 10%
c) We make a 10% discount
d) We make a 10% surplus

10 당신의 편지에 대한 답신으로 :

a) answering your letter
b) in reply your letter
c) in response to your letter
d) replying to your letter

11 12월 20일 날짜 :

a) on the date Dec. 20
b) date Dec. 20
c) under the date of Dec. 20
d) made on Dec. 20

12 그에게 주문한 물품을 제공하다 :

a) We supply him with ordered items.
b) We furnish him with ordered items.
c) We provide him with ordered items.
d) We are provided him with ordered items.

13 선적일을 통보하다 :

a) We advise you of shipping date.
b) We tell you of shipping date.

c) We inform you of shipping date

d) We notify you of shipping date

14 화물은 다음 주 도착 예정이다 :

a) The carriage is scheduled to arrive next week.

b) The carriage is due to arrive next week.

c) The carriage is requested to arrive next week.

d) The carriage is going to arrive next week.

15 당신의 신용상태에 대하여 :

a) as to your credit standing

b) concerning your credit standing

c) regarding your credit standing

d) concerning to your credit standing

16 주문은 다음 달까지 유효하다 :

a) Our order shall remain in effect until next month.

b) Our order is effective until next month.

c) Our order is valid until next month.

d) Our order is not accepted until next month.

17 이 수표는 유효합니다.

a) The check is valid

b) The check is in force

c) The check is effective

d) The check is invalid.

18 무료로

a) free of charge

b) with charge

c) gratis

d) of no commercial value

19 귀사에 대량주문을 하고자 합니다.

a) We'd like to place large orders with you
b) We'd like to give you considerable orders
c) We'd like to send you big orders.
d) we'd like to call large orders with you

20 결제조건을 알려 주십시오

a) Please inform us of terms
b) Please inform us of negotiation terms
c) Please inform us of payment terms
d) Please inform us of settlement terms

21 당사는 최선을 다하겠습니다.

a) We do our best
b) We try our utmost
c) We make every effort
d) We show our innermost

22 확정청약을 합니다.

a) We offer you firm.
b) We give you firm offer
c) We offer you firmly offer
d) We make a firm offer

23 당신의 재정 상태에 관하여

a) concerning your finance standing
b) concerning your financial standing
c) concerning financial status
d) concerning your financial circumstances

24 당신을 만나서 기쁩니다(기꺼이 만나겠습니다)

a) We are pleased to see you
b) We are glad to see you
c) We pleased to see you
d) We are willing to see you

25 (당신을) Ace 회사에 조회해 보겠습니다.

a) We refer you to Ace company
b) We refer to you for Ace company
c) Ace company is for you referred
d) We refer you for Ace company

26 당신회사는 평판이 좋습니다.

a) You are of good repute
b) You have famous
c) You have good reputation
d) You enjoy good credit

27 이미 언급된 회사는

a) the said company
b) the above-mentioned company
c) the above company
d) the saying company

28 다른 언급이 없으면 :

a) unless otherwise stated
b) unless otherwise referred
c) unless otherwise specified
d) unless otherwise mentioned

29 선적된 물품 수량이 부족합니다.

a) We are checking up the missing goods with our packers.
b) To our regret, the case contains less than we shipped.
c) We are very disappointed to learn of the defective goods you shipped.
d) Checking the goods received, we have found that some items on your invoice have not been contained.

30

a) 할부선적 : Installment Shipment
b) 내륙장치 위험담보조건 : Inland Transit Extension
c) 협회 화물약관 : Institute Cargo Clause
d) 보험가액 : Insurable Value

31

a) 원본 1통 : one original document

b) 2통 : duplicate

c) 3통 : three folders

d) 4통 : quadruplicate

32

a) The goods are out of stock : 재고가 없다.

b) The goods are not available : 재고가 없다.

c) The goods are running out : 재고가 운영되다.

d) The goods are exhausted : 재고가 완전 소진되다.

33

a) trial order : 시범주문

b) place large order : 대량주문을 하다.

c) duplicate an order : 주문을 2배로 하다.

d) decline an order : 주문을 거절하다.

34

a) in conformity with : …에 따라

b) respectively : 존경하여

c) on behalf of the exporter : 수출자를 대신하여

d) irrespective of : …와 상관없이

35

a) low five figures : 10,000 ~ 20,000

b) moderate five figures : 30,000 ~ 40,000

c) medium six figures : 500,000 ~ 600,000

d) good six figures : 70,000 ~ 80,000

36 호황이다.

a) The market is bullish.

b) The market is brisk.

c) The market is languid.

d) The market is strong.

37 이것은 견본과 일치하지 않는다.

a) This is not equal for the sample.
b) This is not the same as the sample.
c) This is not in accordance with the sample.
d) This is not complying with the sample.

38 빠른 답신을 기대한다.

a) We look forward to your reply soon.
b) We look forward to receiving your early reply.
c) We would appreciate a prompt reply from you
d) Your early reply would be appreciate.

39 서신 감사하다.

a) We thank you very much for your letter.
b) Your letter has been received with thanks.
c) Your letter is acknowledge with thanks
d) We acknowledge with thanks your letter

40 K 회사의 도움으로 당신 회사 이름을 알게 되었다.

a) We are indebted to K company for your name.
b) Through the courtesy of K company, your name has come to us.
c) We owe your name for K company.
d) Your name was given through K company.

▮해답▮ Unit 12 (오류찾기)

(1~10)

1. d)	2. a)	3. b)	4. d)	5. d)
6. c)	7. c)	8. d)	9. d)	10. b)

(11~19)

11. d)	12. d)	13. b)	14. c)	15. d)
16. d)	17. d)	18. b)	19. d)	20. a)

(21~40)

21. d)	22. c)	23. a)	24. c)	25. c)
26. b)	27. d)	28. c)	29. c)	30. d)
31. c)	32. c)	33. a)	34. b)	35. d)
36. c)	37. a)	38. d)	39. c)	40. c)

✱ 영작문 옳은 표현 선택하기

01 신용장 수령 후 2주 이내에

a) within two weeks after receiving of your L/C

b) within two weeks after asking of your L/C

02 당신의 친애하는

a) yours faithful

b) yours faithfully

03 당신에게 5% 특별할인을 제공합니다.

a) We give you a special discount of 5%

b) We give you a membership discount of 5%

04 당신의 주문에 관심이 있습니다.

a) We are interested in your order. b) We are interest in your order.

05 우리는 최근 Compact Computer 어음을 인수했습니다.

a) We honer the draft issued by Compact Computer recently.

b) We enter with Compact Computer recently.

06 Korea Shipping과 거래를 시작했습니다.

a) We enter into business relation with Korea Shipping.

b) We open an account to Korea Shipping.

07 Korea Shipping 앞으로 어음을 발행합니다.

a) We draw a bill on Korea Shipping.

b) We amend a bill on Korea Shipping.

08 귀사는 한국시장에 어떠한 거래처가 있습니까?

a) Do you have any connection in Korean market?

b) Do you have any branch in Korean market?

09 대금결제에 관하여

a) as to the settlement

b) as to the drawing

10 첫 주문이 만족스러우면

a) If this initial order turns out to be satisfactory.

b) If this large order turns out to be satisfactory.

11 귀사 앞으로 30일 출급 환어음을 발행했습니다.

a) We have today draw on you at 30 d/s.

b) We have today drawn on you at 30 d/s.

12 어떠한 상품 관련 정보도 제공해드립니다.

a) We provide you with any information related to our products.

b) We provide you with any information relate to our products.

13 일람 후 60일 출급 환어음

a) 60 d/s draft

b) 60 bills

14 다음과 같이

a) as follows

b) as below

15 수익자

a) importer

b) beneficiary

16 귀사를 지급인으로 일람출금 환어음을 발행하였다.

a) We have drawn a draft on you at sight

b) We have drawn a draft on you in the near future.

17 신용장 발행은행

a) issuing bank

b) negotiating bank

18 즉시 이 청약을 처리해 주십시오.

a) Please accept this offer without loss of time

b) Please accept this offer with loss of time

19 이 확정 오퍼는 우리 가격표 조건입니다.

a) This firm offer is subject to our price list.

b) This firm offer subject to our price list.

20 지불 조건으로

a) subject to your payment

b) conditionally on your payment

✷ 영문 해석 연습 : 동일한 표현 고르기

01 We should be obliged if you would let us know A

a) Please quote us A

b) Please ask us

02 lowest price

a) best quotation

b) highest price

03 We would like to

a) We are going to

b) We are anxious to

04 The items are out of stock

a) The items are popular

b) The items are exhausted

05 As you requested

a) according to your request

b) in accordance with your recommendation

06 We enter into business with you.

a) We close business with you

b) We open an account with A

07 Thank you for your letter.

a) We received your letter

b) We send our letter to you

08 Please treat it in strict confidence.

a) Please keep it absolutely confidential

b) Please keep it absolute confidential

09 Thank you for inquiry of A.

a) We are pleased to have your inquiry of A

b) We regret to receive your inquiry of A

10 Concerning your request.

a) With respect to your request

b) Regard to your request

11 We have learned your name from A.

a) We owe your name A

b) We owe your name to A

12 We insure goods against risk.

a) We cover goods by insurance

b) We cover goods insurance

13 We have pleasure in enclosing documents.

a) We are pleased to enclose documents.

b) We are pleased to enclosing documents.

14 Please issue L/C in our favor for the amount of US$ 10,000.

a) Please issue L/C in our favor for the value of US$ 10,000.

b) Please issue L/C in our favor in excess of US$ 10,000.

15 Approximately 10%

a) around 10%

b) below 10%

16 Please inform us promptly

a) Please inform us at your earliest convenience.

b) Please inform us at all times

17 We will discount 10% from the price

a) We make a reduction of 10%

b) We make reduce 10%

18 We are not liable for shipping.

a) We are not responsible for shipping problems.

b) We are not interested in for shipping problems.

19 We shall indemnify you for any claims.

a) We shall compensate you for any claims

b) We shall make you for any claims.

20 We will do it without any commitment.

a) We will do it without hesitation.

b) We will do it without any liability.

▮해답▮ Unit 12 영문 해석 연습(1)

옳은 영작문 선택하기(1~20)

1. a)	2. b)	3. a)	4. a)	5. a)
6. a)	7. a)	8. a)	9. a)	10. a)
11. b)	12. a)	13. a)	14. a)	15. b)
16. a)	17. a)	18. a)	19. a)	20. a)

영문 해석 연습 : 동일한 표현 고르기(1~20)

1. a)	2. a)	3. b)	4. b)	5. a)
6. b)	7. a)	8. a)	9. a)	10. a)
11. b)	12. a)	13. a)	14. a)	15. a)
16. a)	17. a)	18. a)	19. a)	20. b)

Unit 13 영문 해석 연습(2)

나!

자신의 인격을 결정하는 것은
다른 사람들이 자신을 바라보는 시선이 아니라,
자신이 정말로 중요하다고 여기는 것을
실행하는 능력이다.

극단적인 상황에서 자신을 보호하는 것은
자신을 얼마만큼 사랑하는가,
자신을 얼마만큼 소중하게 여기는가이다.

〈칼레글 퀸〉

Unit 13

영문 표현 연습(2)

✷ 영문 표현 연습(전치사)

01 그는 우리의 대리인이다 :

He acts (as, in) our agent.

02 도움에 감사함 :

many thanks (for, with) your help

03 주문과 다른 품목임 :

It was wrong goods (with, against) our order.

04 신용조회로 :

(as, for) a reference

05 …에 기초를 두고 있음 :

be based (on, at)

06 당신을 만나기를 기다림 :

We look forward to (meet, meeting) you soon

07 K mart에게 조회를 했음 :

We refer (to, as) K mart.

08 당신 도움 덕택임 :

We owe it (to, as) your help.

09 손해에 대해서 보상함

We indemnify you (for, to) damaged goods.

10 2010년 2월 1일자로 어음을 발행하고자 함 :

We'll draw a bill (for, under) the date of 1st February, 2010.

11 당사자는 서류를 비밀로 취급한다 :

Parties deal (with, for) documents in confidence.

12 현금조건으로 :

(on, at) a cash basis

13 사장님은 지금 통화중임 :

The president is (at, on) another line now.

14 당신에게 마감일을 통보함 :

We advice you (of, about) deadline

15 배는 뉴욕으로 출항할 예정임 :

The ship was due to sail (about, for) New York.

16 당신을 제조업자에게 소개함 :

I'll introduce you (to, with) our manufacturer.

17 가까운 미래에 :

(at, in) the near future.

18 우리는 당신과 거래를 시작하기 원함 :

We enter (with, into) business with you.

19 이것은 우리 실정에 적합하지 않음 :

This is not suitable (as, for) our situation.

20 당신을 수익자로 :

(in, for) favor of you.

21 당신에게 새 품목을 제공함 :

We furnish you (for, with) new items.

22 품질에서 경쟁력이 있다 :

We are competitive (in, with) quality.

23 원자재값 상승에도 불구하고 :

In spite (for, of) the increased costs of raw material

24 이 청약은 최종확인 조건에서 유효하다.

This offer shall be remain effective subject (as, to) our final confirmation.

25 당신의 요청한바와 같이 샘플을 즉시 보낸다.

(At, As) your request, we send the sample to you immediately.

26 요청한대로 샘플을 즉시 보낸다.

(At, As) requested, we send the sample to you immediately.

27 CIF 부산 조건에 의거한다.

It is (on, at) CIF Busan.

28 당신의 물건이 우리 카탈로그와 일치하지 않는다.

Yours are not complying (for, with) our catalogues.

29 당신에게 대량주문을 하기 원한다.

We may be able to (place, give) large order with you.

30 이 환어음은 지급인에게 제시 즉시 지급되어야 한다.

The draft shall be duly paid (for, on) presentation to the drawee.

31 이 환어음은 일람 90일 취소불능 신용장으로 발행되었다.

Drafts are to be drawn (at, as) 90 d/s under irrevocable L/C.

32 한국은행을 통해 환어음을 배입하였다.

We have negotiated the draft (by, through) Korea Bank.

33 일만 달러 금액의 일람 60일 출금 환어음을 발행하였다.

We have drawn a draft on you at 60 d/s (as, for) US $ 10,000.

34 다음 품목에 대해 견적을 해주시오.

Would you please quote us (as, on) following items?

35 다른 합의가 없다면

Unless otherwise expressly agreed (upon, for).

36 선적 지시서는 신용장을 받는 즉시 이메일로 전달하겠다.

Shipping instruction will be e-mailed (for, upon) receipt of your L/C.

37 신용만기는 1월 1일까지이다.

The validity of the credit is up (on, to) January 1.

38 손상된 물품을 새것으로 대체하시오.

We request you to substitute new ones (for, with) the damaged items.

39 손상된 물품을 새것으로 교환해 주시오.

We request you to replace the damaged items (for, with) new ones.

40 클레임을 신청할 수밖에 없다.

we have no choice (but, than) to claim.

41 불편을 주어 미안하다

We apologize (on, for) inconvenience.

42 품질이 나쁜 점에 대한 클레임을 받아들일 수 없다.

We cannot accept your claim (on, against) the poor quality.

43 일람출금 환어음을 발행했다.

We have drawn on you (at, on) sight.

44 선착순 판매조건

subject (to, for) prior sale

45 특별히 합의 사항이 없는 한

unless expressly agreed (upon, at)

46 A는 평판이 좋다

A is (for, of) good repute

47 CIF 부산 조건으로

(on, at) CIF Busan basis

48 선주는 운임 화물에 대해 유치권을 가지고 있다.

The Shipowner has a lien (on, at) the cargo for freight.

49 X 회사에 대하여 조사한다

I inquire (of, about) X Co.

50 K 회사를 대신하여

(at, in) lieu of K Co.

▮해답▮ Unit 13 영문 표현 연습(전치사)

(1~20)

1. as	2. for	3. against	4. for	5. on
6. meeting	7. to	8. to	9. for	10. under
11. with	12. on	13. on	14. of	15. for
16. to	17. in	18. into	19. for	20. in

(21~50)

21. with	22. in	23. of	24. to	25. At
26. As	27. on	28. with	29. place	30. on
31. at	32. through	33. for	34. on	35. upon
36. upon	37. to	38. for	39. with	40. but
41. for	42. against	43. at	44. to	45. upon
46. of	47. on	48. on	49. about	50. in

✷ 영어표현 연습(어형)

01 We would be (oblige, obliged) if you introduce us some agents.

02 An early answer would be much (appreciate, appreciated)

03 We are looking forward to (receive, receiving) a trial order from you.

04 We are considering (to place, placing) an order

05 We ask you to extend the (follow, following) credit.

06 We offer you firm as (follows, following)

07 We are (force, forced) to cancel our order.

08 We are (please, pleased) to place a initial order.

09 It will be treated as absolute (confidence, confident)

10 It will be treated as absolutely (confidence, confidential)

11 We are (enclosing, enclosed) order forms with detailed instruction.

12 Order forms with detailed instruction are (enclose, enclosed).

13 We cannot help (claim , claiming) on you.

14 We cannot but (claim, claiming) on you.

15 We will accept your draft (for, upon) presentation.

16 We would like to import your goods (on, for) the basis of CIF.

17 We have (draw, drawn) a draft on you at sight.

18 Unless (expressly, express) agreed upon.

19 The CFR term requires the seller (clear, to clear) the goods for export.

20 In (response, reply) to your inquiry, we have pleasure in furnishing you (for, with) following information.

▌해답▌ Unit 13 영문 표현 연습(어형)

1. obliged	2. appreciated	3. receiving	4. placing	5. following
6. follows	7. forced	8. pleased	9. confidence	10. confidential
11. enclosing	12. enclosed	13. claiming	14. claim	15. upon
16. on	17. drawn	18. expressly	19. to clear	
20. response/with				

✺ 영문 해석 연습(의미파악)

01 They are in the market :

a) 시장에 나와 있다.
b) 매입할 의사가 있다.

02 Should you assure us of workable price :

a) 최저가격을 알려주시면
b) 적정가격을 알려주시면

03 Ruling price is rather stiff :

a) 현재 가격이 다소 높다.
b) 현재 가격이 다소 낮다.

04 Please have a browse around catalogue :

a) 카탈로그를 살펴보세요.
b) 카탈로그를 구매하세요.

05 They are the exact duplicate of the original ones :

a) 원품의 2배
b) 원품과 동일

06 The price is readjusted low :

a) 가격은 낮게 조정됨
b) 가격은 낮게 매매됨

07 The company owes medium five figures in US currency to us. :

a) 그 회사는 우리에게 미화 5~6만 달러 정도 채무가 있다.
b) 우리가 그 회사에게 미화 5~6만 달러 정도 채무가 있다.

08 They are not strictly in conformity with the samples.

a) 샘플과 엄격히 일치하지 않는다.
b) 샘플과 똑같이 따르지 않는다.

09 Unless otherwise expressly agreed on(upon)

a) 별도로 달리 합의한 경우를 제외하고
b) 별도로 달리 합의를 하면

10 Subject to the provision of Article I hereof,

a) 본 계약 제1조 규정의
b) 본 계약 제1조 규정에 따라

11 We shall not indemnify for your errors.

a) 당신의 실책에 배상하지 않겠다.
b) 당신의 실책에 보상하겠다.

12 We cover an insurance for the product.

a) 제품에 대해서 보험료를 배상하겠다.
b) 제품에 대해 보험을 들었다(부보했다).

13 The market is bullish now.

a) 시황이 불황이다.
b) 시황이 호황이다.

14 This is a complimentary ticket.

a) 무료 티켓이다.
b) 보상 티켓이다.

15 If the quality come up to our expectation,

a) 품질이 우리 기대에 부응한다면
b) 품질이 우리 기대에 부응하지 못하면

16 As to the credit standing

a) 신용상태에 대하여
b) 신용거래에 대하여

17 Please favor us with information on their financial standing.

a) 재정 상태에 대한 정보를 알려주십시오.
b) 재정 상태에 대한 선호도를 알려주십시오.

18 They are of good repute in Asian market.

a) 아시아 시장에서 실패가 높다.
b) 아시아 시장에서 평판이 높다.

19 It is to be done between seller and buyer as principal to principal.

a) 매도인과 매수인은 본인과 본인으로서 거래를 하는 것으로 한다.

b) 매도인과 매수인은 원칙과 원칙으로서 거래를 하는 것으로 한다.

20 Prices are to be quoted in U.S. dollars.

a) 가격은 미화로 견적한다.

b) 가격은 미화로 산출된다.

21 We have negotiated the draft through KS Bank.

a) 우리는 KS 은행에서 환어음을 협상했다.

b) 우리는 KS 은행에서 환어음을 매입했다.

22 Please submit a quotation for a substitute.

a) 대체품에 대한 견적서를 보내주십시오.

b) 대리점에 견적서를 보내주십시오.

23 Delivery will be made on receipt of remittance.

a) 신용장을 받는 즉시 물품을 보내겠다.

b) 송금을 받는 즉시 물품을 보내겠다.

24 We would like to settle your claim amicably.

a) 클레임을 우호적으로 해결하고 싶다.

b) 클레임을 신속하게 해결하고 싶다.

25 The shipping documents will be sent to you by our forwarders.

a) 운송 중개인이 선적서류를 보내겠다.
b) 운송인이 선적서류를 보내겠다.

26 Would you allow me to postpone settlement of your account?

a) 귀사에 대한 결제를 연기해 달라.
b) 귀사에 대한 결정을 연기해 달라.

27 We cannot assume any liability for this delay.

a) 지체된 것에 대해 어떠한 단계도 취하지 않겠다.
b) 지체된 것에 대해 어떠한 책임도 지지 않겠다.

28 We have engaged ourselves in exporting cars.

a) 자동차 수출에 종사해왔다.
b) 자동차 수출을 약속해왔다.

29 We owe your name to London Chamber of Commerce.

a) 런던 상공회의소에 빚을 졌다.
b) 런던 상공회의소를 통해 당신의 이름을 알았다.

30 Ace Bank will advise you of the information.

a) Ace Bank가 당신에게 조언을 하겠다.
b) Ace Bank가 당신에게 정보를 제공하겠다.

31 We wish to refer you to our banker, KS Bank in Seoul.

a) 서울 KS 은행에 조회하겠다.

b) 서울 KS 은행에 추천하겠다.

32 We hope that mutually profitable relations would be establ shed soon.

a) 상호 이익되는 관계가 곧 형성되기 바란다.

b) 경쟁적인 이익관계가 곧 형성되기 바란다.

33 We are one of the leading exporters of auto parts.

a) 일류 자동차 부품 수출회사이다.

b) 확실한 자동차 부품 수출회사이다.

34 Would you favor us with the reputation of the firm?

a) 회사의 신용상태를 알려주세요.

b) 회사의 신용상태를 도와주세요.

35 This offer is valid subject to your prompt reply.

a) 이 오퍼는 신속한 답변으로 종결된다.

b) 이 오퍼는 신속한 답변에 달려있다.

36 Please sent it to us by M/T.

a) 우편환으로 보내달라.

b) 전신환으로 보내달라.

37 The items have been sent to you by courier.

a) 특송으로 보냈다.
b) 등기로 보냈다.

38 Please note that the offer is subject to our final confirmation.

a) 이 청약은 마지막 확인이 따름을 유의할 것
b) 이 청약은 최종확인을 조건으로 함을 유의할 것

39 This shall be taken as conclusive proof of the day of shipment.

a) 선적일의 최종적 증거로 간주함
b) 선적일의 결정적 증거로 간주함

40 The principal pledge ourselves as follows.

a) 주부서는 다음과 같이 확약한다.
b) 본인은 다음과 같이 확약한다.

41 As a trial order,

a) 시험 주문으로
b) 주문의 노력으로

42 The quality must be up to the sample in every respect.

a) 품질이 모든 면에서 샘플보다 나아야 한다.
b) 품질이 모든 면에서 샘플과 일치하여야 한다.

43 We opened an L/C in favor of you.

a) 당신을 수익자로 신용장을 개설했다.
b) 당신을 찬성하여 신용장을 개설했다.

44 We are enclosing a copy of the application for your reference.

a) 귀사를 추천하여 신청서 사본을 동봉함
b) 귀사의 참고를 위해 신청서 사본을 동봉함

45 We would like to ask you to amend the L/C as follows.

a) 다음과 같이 신용장을 교환하기 원함
b) 다음과 같이 신용장을 변경하기 원함

46 We hereby agree with the drawers, endorsers and bona fide holders of the drafts drawn.

a) 발행된 환어음의 발행인, 배서인, 선의의 소지인에게 확약함
b) 발행된 신용장의 발행인, 배서인, 선의의 소지인에게 확약함

47 We ask you to extend the expiration date until April 1 and May 1 respectively.

a) 만기일을 4월 1일과 5월 1일로 존중하여 연장하기 원함
b) 만기일을 4월 1일과 5월 1일로 각각 연장하기 원함

48 Our customers are very particular. So please be strict with the shipping date.

a) 고객이 까다로우니 선적일을 준수하기 바람
b) 고객이 특별하니 선적일을 준수하기 바람

49 We are obliged to claim.

a) 클레임을 청구할 수밖에 없다.
b) 클레임 청구를 포기하겠다.

50 We have drawn on you at sight for invoice amount.

a) 송장의 금액에 대해 귀사를 지급인으로 일람출금 환어음을 발행함
b) 송장의 금액에 대해 귀사를 지급인으로 만기출금 환어음을 발행함

51 The additional premium will be paid by us

a) 추가 이익을 당사가 부담함
b) 추가 보험료는 당사가 부담함

52 We enclose our debit note for US $ 1,000

a) 미화 일천달러 금액의 대금청구서를 동봉함
b) 미화 일천달러 금액의 환어음을 동봉함

53 Early remittance would be much appreciated.

a) 조기 송금해 주면 감사하겠다.
b) 조기 처리해 주면 감사하겠다.

54 Please draw a draft on us 30 d/d

a) 일람후 30일 출급 환어음을 발행해 주기 바람
b) 일람후 30일 출급 송장을 발행해 주기 바람

55 This offer is subject to change without prior notice

a) 사전 통보없이 변경 가능함
b) 사전 통보없이 변경하였음

56 Shall we open a usance L/C in your favor?

a) 당신을 수익자로 취소불능 신용장을 발행해도 되는가?
b) 당신을 수익자로 기한부 신용장을 발행해도 되는가?

57 The firm has settled its account on time without fail

a) 우리 회사는 항상 적시에 결제를 하였음
b) 우리 회사는 실패 없이 결제를 하였음

58 merchantability and fitness

a) 상품성과 시장성
b) 상품성과 적합성

59 The credit will be duly honored

a) 의무상 지급되다
b) 정히 지급되다.

60 duration of the insurance cover

a) 보험 담보 기간
b) 보험 보상 기간

▮해답▮ Unit 13 영문 표현 연습(의미파악)

(1~20)

1. b)	2. b)	3. a)	4. a)	5. b)
6. a)	7. a)	8. a)	9. a)	10. b)
11. a)	12. b)	13. b)	14. a)	15. a)
16. a)	17. a)	18. b)	19. a)	20. a)

(21~40)

21. b)	22. a)	23. b)	24. a)	25. a)
26. a)	27. b)	28. a)	29. b)	30. b)
31. a)	32. a)	33. a)	34. a)	35. b)
36. a)	37. a)	38. b)	39. b)	40. b)

(41~60)

41. a)	42. b)	43. a)	44. b)	45. b)
46. a)	47. b)	48. a)	49. a)	50. a)
51. b)	52. a)	53. a)	54. a)	55. a)
56. b)	57. a)	58. b)	59. b)	60. a)

✵ INCOTERMS 2010 약자

1) ________ : Ex Works(공장 인도조건)

2) ________ : Free Carrier(운송인 인도조건)

3) ________ : Free Alongside Ship(선측 인도조건)

4) ________ : Free On Board(본선 인도조건)

5) ________ : Cost and Freight(운임 포함조건)

6) ________ : Cost, Insurance, and Freight(운임, 보험료 포함 조건)

7) ________ : Carriage Paid To(수송비 지급 인도조건)

8) ________ : Carriage and Insurance Paid to(운송료, 보험료 지급 인도조건)

9) ________ : Delivered Duty Paid(관세 지급 인도조건)

10) ________ : Delivered At Terminal(터미널 인도조건)

11) ________ : Delivered At Place(목적지 인도조건)

✳ 무역용어 약어

1) Cash With Order(주문급) : ____________

2) Cash On Delivery(현금상환급) : ____________

3) Demand Draft(보통송금) : ____________

4) Telegraph Transfer(전신송금) : ____________

5) Mail Transfer(우편송금) : ____________

6) Documents Against Acceptance(인수도 조건) : ____________

7) Document Against Payment(지급도 조건) : ____________

8) All Risks(전위험 담보조건) : ____________

9) Estimated Time of Arrival(도착예정일) : ____________

10) Estimated Time of Departure(출발예정일) : ____________

11) Bill of Exchange Electronic Registry Organization(전자식 선하증권) :______

12) Electronic Data Interchange(전자문서 교환) : ____________

13) With Average(분손 담보) : ____________

14) World Trade Organization(세계무역기구) : ____________

✳ 무역 서류(1)

1) Invoice : ________________

2) Certificate of Origin : ________________

3) Notify Party : ________________

4) Packing List : ________________

5) Letter of Credit : ________________

6) Shipping Order : ________________

7) Mate's Receipt : ________________

8) Dock Receipt : ________________

9) Insurance Policy : ________________

10) Bill of Exchange : ________________

✻ 무역서류(2)

1) Bill of Lading : ______________

2) Sea Waybill : _________________

3) Air Waybill : __________________

4) Multimodal Transport Document : ___________________

5) Trust Receipt : _____________________

6) Escrow L/C : _________________

7) Letter of Indemnity : __________________

8) Revolving L/C : ____________________

9) Offer Sheet : _______________

10) Purchase Order : ______________

✸ 무역용어(라틴어원)

보기		
종가세	불가항력	견적송장
반입인도가격	선의의 소지자	현장인도가격

01 Ad Valorem (   ) : "add on the value"

02 Bona fide holder (   ) : "good-will holder"

03 Franco (   ) : "free delivery"

04 Loco (   ) : "ex-works"

05 Pro forma (   ) : "pre form invoice"

06 Force Majeure (   ) : "Act of God"

▮해답▮ Unit 13

INCOTERMS 약자(1~13)

1. EXW 2. FCA 3. FAS 4. FOB 5. CFR
6. CIF 7. CPT 8. CIP 9. DDP 10. DAT
11. DAP

무역용어 약어(1~14)

1. CWO 2. COD 3. D/D 4. T/T 5. M/T
6. D/A 7. D/P 8. A/R 9. ETA 10. ETD
11. BOLERO 12. EDI 13. W/A 14. WTO

무역서류(1) (1~10)

1. 송장 2. 원산지 증명서
3. 착화통지서 4. 포장명세서
5. 신용장 6. 선적지시서(S/O)
7. 본선 수취증(M/R) 8. 부두 수취증(D/R)
9. 보험증서 10. 환어음

무역서류(2) (1~10)

1. 선하증권 2. 해상화물수송
3. 항공화물운송 4. 복합화물운송증권
5. 수입화물대도 6. 기탁신용장
7. 파손화물보상장 8. 회전신용장
9. 청약서 10. 구매주문서

무역용어(1~6)

1. 종가세 2. 선의의 소지자 3. 반입인도가격
4. 현장인도가격 5. 견적송장 6. 불가항력

Unit 14

종합문제 (1)

※ 밑줄 친 부분의 적절한 해석은?

01

This is to inform you that we have today issued in your favor an L/C in the sum of US$200,000 revolving quarterly non-cumulative available by negotiation by draft at sight valid until December 31. 2006.

A) 월 4회 누계적 회전신용장 – 일람출금 환어음
B) 월 4회 비누계적 회전신용장 – 일람출금 환어음
C) 연 4회 누계적 비회전 신용장 – 연지급 어음
D) 연 4회 비누계적 회전신용장 – 일람출금 환어음

02

Under the circumstances, we earnestly hope that you will extend the validity of the credit to the end of month.

A) 어떠한 일이 있더라도 – 신용장 개설일
B) 사정이 허락하는 한 – 신용장 유효기간
C) 상황이 이러하므로 – 신용장 유효기간
D) 희망하는 상황에서 – 신용장 발급기간

03

> We hereby agree with the drawer and bona fide holders of drafts drawn under and in compliance with the terms of this credit that the same will be honored on due presentation.

A) 신용장 조건에 일치하여 – 지급하다
B) 신용장 조건에 일치하여 – 준수하다
C) 신용장 조건과 화합하여 – 제시되다
D) 신용장 조건과 화합하여 – 확약하다

04 추심의뢰인의 지시를 이행하기 위하여, 추심의뢰은행은 추심의뢰인이 지정한 은행을 추심은행으로 이용할 수 있다.

A) remitting bank – advising bank
B) remitted bank – collecting bank
C) collecting bank – remitting bank
D) remitting bank – collecting bank

05 스미모토 은행이 귀사를 수익자로 하여 양도가능 신용장을 곧 개설할 것이며, 귀사의 거래은행이 신용장 도착을 귀사에게 통지할 것입니다.

A) on your favor - a transferable credit
B) on your favor - assignable L/C
C) in your favor - a transferable credit
D) in your favor - assignable L/C

06 "귀사에 클레임을 청구하지 않을 수 없습니다." 영작이 잘못된 것은?

A) We are compelled to claim on you
B) We have no choice but to claim
C) We are oblige to claim
D) We cannot help claiming on you

07

You will find enclosed a <u>non-negotiable copy of B/L</u> and <u>a copy of Marine Insurance Policy</u> and <u>one copy of Packing List</u>.

A) 비유통성 선하증권 – 해상보험 – 착화통지서
B) 비유통성 선하증권 – 해상보험증권 – 착화통지서
C) 유통성 선하증권 – 보험가입료 – 보상각서
D) 유통성 선하증권 – 해상보험료 – 보상각서

08

Please <u>favor us with</u> three negotiable bills of lading. It will be dispatched to you through <u>leading American courier</u>.

A) 우리를 수익자로 – 주요 미국특송회사
B) 우리를 수익자로 – 일류 미국 특송회사
C) 부탁드립니다 – 중요한 미국특송회사
D) 부탁드립니다 – 일류 미국 특송회사

09

Please note that the <u>end-users of this order are very particular</u>.

A) 실수요자는 까다롭다.
B) 최종보유자는 까다롭다.
C) 실수요자는 특별하다.
D) 최종보유자는 특별하다.

10

Unless otherwise agreed upon, the principal shall pay the agent the commission.

A) 다른 합의가 있다할지라도 - 본인
B) 다른 합의가 없다할지라도 - 대리인
C) 다른 합의가 없다면 - 본인
D) 다른 합의가 있다면 - 대리인

11

Our goods are reasonable and enclosed are our latest price list.

A) 합리적이다 – 늦은 가격표
B) 저렴하다 – 최근 가격표
C) 경쟁적이다 – 마지막 가격표
D) 저렴하다 – 최후 가격표

12 다음 시제품을 시험주문하고자 합니다.

A) As a trial order, we are pleased to place an order for the following goods.
B) As a trial order, we are pleased to place an order for follows goods.
C) As an initial order, we are pleased to place an order for goods as follows.
D) As an initial order, we are pleased to place an order for follows goods.

13 "이 신용장의 만기는 7월 7일입니다" 영작이 틀린 것은?

A) This L/C is valid until July 7.
B) This L/C expires on July 7.
C) The expiration of this L/C is July 7
D) The expired date of this L/C is July 7.

14 관행상 선하증권(B/L)은 ___부 발급하며 원본 전부를 제시해야 하고, 유효기간은 ___일이다.

A) 3 － 7
B) 3 － 21
C) 2 － 7
D) 2 － 21

15 M/L 약관에서 about, approximately, circa 표현이 있으면 ___ 증감을 인정한다.

A) 3%
B) 5%
C) 7%
D) 10%

16 다음 중 유럽식 D/P 방식으로 불리는 것은?

A) COD
B) M/T
C) D/A
D) CAD

17 다음중 수출자에게 가장 불리한 것은?

A) COD
B) CWO
C) Sight L/C
D) D/A

18 특별조항이 없는 한 선하증권의 발행인으로 인정되지 않는 사람은?

A) Carrier
B) Carrier's Agent
C) Shipper
D) Freight Forwarder

19 환어음 발행시 꼭 제시되어야 하는 서류가 아닌 것은?

A) B/L
B) Commercial invoice
C) Insurance policy
D) Sales note

20 기간이 경과한 선하증권으로 보통 수리가 거부되는 것은?

A) Clean B/L
B) Stale B/L
C) Full set B/L
D) Unclean B/L with Letter of Indemnity

21 다음 중 중재에 관한 설명이 틀린 것은?

A) 단심제이다.
B) 불가항력의 경우 면책된다.
C) 공개된다.
D) 외국에서도 집행효력이 보장된다.

22 중재에 관한 조항이 틀리게 번역된 것은?

All disputes, controversies or differences which may arise between <u>the parties</u> shall be finally settled by <u>arbitration</u>. <u>The Award</u> rendered by <u>arbitrators</u> shall be final and binding upon both parties concerned.

A) parties - 양 당사자
B) arbitration - 중재
C) award - 보상
D) arbitrators - 중재자

23 다음 중 보험회사를 지칭하는 말이 아닌 것은?

A) Insurer
B) Assurer
C) Policy Holder
D) Underwriter

24 용어의 정의가 잘못된 것을 고르시오.

A) Clear Warranty : 명시담보
B) Insurance Premium : 보험금
C) Implied Warranty : 묵시담보
D) Open Policy : 예정보험

25 잘못된 정의를 고르시오.

A) Total Loss : 전손
B) Partial Loss : 분손
C) Complete Total Loss : 현실전손
D) Constructive Total Loss : 추정전손

26 추정전손에서 손해의 정도가 심하여 회복후 보험가를 초과할 때 보험사에 모든 것을 위임하는 것은?

A) Abandonment
B) Average
C) Salvage Charge
D) General Average

27 다음 중 틀린 용어정의를 고르시오.

A) 도난, 발화, 불착 : TPND
B) 우수, 담손 : RFWD
C) 한손, 열손 : Sweat & Weather
D) 누손, 부족손 : Leakage & Shortage

28 보험 계약이 유효하기 위한 필수조건이 아닌 것은?

A) 적법성
B) 현실성
C) 경제성
D) 확정성

29 과세에서 가격을 기준으로 하는 종가세는?

A) Ad Valorem
B) Specific Duty
C) Dumping Duty
D) Anti-Dumping Duty

30 용어 정의가 잘못된 것을 고르시오.

A) 백지배서 : Blank Endorsement
B) 원산지증명서 : Certificate of Origin
C) 동시개설 신용장 : Back to Back L/C
D) 출발예정일 : ETA

31 정부의 보조금을 받은 수출품이나 장려금을 받은 물품이 수입될 때 수입당국이 부과하는 관세는?

A) Countervailing Duty
B) Barter system
C) GSP
D) Dirty B/L

32 상품이 판매에 적격품질인가를 판단하는 것으로 냉동어류 거래에서 주로 사용되는 것?

A) FAQ
B) GMQ
C) T/R
D) Revolving L/C

33 신용장의 수익자를 지칭하는 것이 아닌 것은?

A) Beneficiary
B) Accountee
C) Addressee
D) User

34 "Your price is too high. We can accept the offer at US$ 20 per set CIF New York"에 해당되는 청약은?

A) Free offer
B) Firm offer
C) counteroffer
D) Conditional offer

35 중재(Arbitration)에 관한 설명 중 틀린 것은?

A) 중재는 단심제이므로 신속한 분쟁해결을 도모할 수 있다.
B) 공정한 판결을 위하여 중재절차는 공개를 원칙으로 한다.
C) 우리나라 중재법에 의하면 중재합의(계약)는 서면으로 해야 한다.
D) 중재합의(계약)가 있는 경우에는 당해 분쟁 사건을 바로 법원에 제소할 수 없고, 중재에 의해 해결해야 한다.

36 ICCA(A) 조건에서 보상되는 조건은?

A) 운송업자의 악의　　B) 지연
C) 전쟁위험　　D) 화물고유의 하자

37 동일한 거래선과 정기적으로 물품매매계약을 체결할 경우에 적합한 계약은?

A) Master Contract　　B) Case by Case Contract
C) Franchise　　D) Agency Contract

38 다음 중 무역분쟁을 해결하기 위한 가장 바람직한 방법은?

A) 타협 – 조정 – 중재 – 소송　　B) 조정 – 화해 – 중재 – 소송
C) 타협 – 중재 – 조정 – 소송　　D) 조정 – 타협 – 중재 – 소송

39 기관중재를 위한 중재의 3요소로 적합하지 않은 것은?

A) 중재기관　　B) 중재지
C) 중재규칙　　D) 중재판정의 효력

40 해상 선하증권(Bill of Lading)에 대한 다음 설명 중 잘못된 것은?

A) 해상 선하증권은 반드시 운송인이 발행하여야 한다.
B) 해상 선하증권은 운송인의 기명 대리인이 발행할 수도 있다.
C) 해상 선하증권은 선장이 발행할 수도 있다.
D) 해상 선하증권은 선장의 기명 대리인이 발행할 수도 있다.

41 다음 중 틀린 표현은?

A) 본선수취증 : Mates Receipt　　B) 부두수취증 : Quay Receipt
C) 선복요청서 : Shipping Request　　D) 현실전손 : Actual Total Loss

▮해답▮ 종합문제(1)

(1~20)

1. b)	2. b)	3. a)	4. d)	5. c)
6. c)	7. b)	8. b)	9. b)	10. c)
11. b)	12. a)	13. d)	14. b)	15. d)
16. d)	17. d)	18. d)	19. d)	20. b)

(21~41)

21. c)	22. c)	23. c)	24. b)	25. c)
26. a)	27. c)	28. b)	29. a)	30. d)
31. a)	32. b)	33. b)	34. c)	35. b)
36. a)	37. a)	38. a)	39. d)	40. a)
41. b)				

Unit 15

종합문제 (2)

01 Credit Inquiry에 들어가지 않는 조건은?

A) Character B) Capital
C) Capacity D) Contract

02 계약의 성립 조건 중 양 당사자 간에 의사표시의 합치로 계약이 성립하는 것은?

A) 낙성 계약(consensual) B) 쌍무 계약(bilateral)
C) 유상 계약(remunerative) D) 불요식 계약(informal)

03 무역계약을 체결하는 방식에서 건별로 체결하는 개별방식 대신 고정적인 거래선의 경우 규정을 정한 후 거래를 계속하는 방식은?

A) 개별방식(case by case) B) 총괄계약(master)
C) 일반거래조건 D) 확정계약

04 계약체결을 위한 확정적인 의사표시는?

A) 청약 B) 승낙
C) 거래 D) 자유청약

05 다음 중 무확약 청약은?

A) Offer subject to market situation B) Offer subject to prior sale
C) Offer without engagement D) Offer on sale or return

06 청약은 물론 승낙은 상대방에게 도달해야 효력을 갖는 ________ 가 원칙이다. 그러나 원거리간 우편이나 전보일 때 ________국가에서 ________를 채택한다. 위의 빈칸에 각각 적절한 단어로 연결된 것은?

A) 발신주의 – 한·미·일 – 도달주의
B) 발신주의 – 독일 – 도달주의
C) 도달주의 – 한·미·일 – 발신주의
D) 도달주의 – 독일 – 발신주의

07 ______ means any person who, in charge of carriage, undertakes to perform or to procure the performance of carriage by rail, road, air, sea, inland waterway or by a combination of such modes.

A) Shipper B) Carrier
C) Forwarder D) Agent

08 _____ means that the seller delivers when the goods are placed alongside the vessel at the named port of shipment. The buyer has to bear all costs and risks of loss of or damage to the goods.

A) FOB B) FAS
C) FCA D) EXW

09 위험부담의 분기점이 On Board인 조건이 아닌 것은?

A) FOB B) CIF
C) CFR D) FCA

10 해상운송 조건으로 나열한 것은?

A) FAS – FOB – FCA
B) FOB – CFR – CIF
C) CIF – DAP – DAQ
D) DAP – DAQ – DDP

11 정박기간에서 적양비 모두 선주 부담으로 주로 정기선에서 이용되는 조건은?

A) Berth Terms
B) FI
C) FO
D) FIO

12 선적화물의 중량과 무관하게 사전에 정해진 운임으로 계산하는 총괄운임계약은?

A) Voyage Charter
B) Lump Sum Charter
C) Time Charter
D) Partial Charter

13 용선 계약에서 합의한 정박기간보다 초과하여 하역한 경우 위약금은?

A) Dispatch
B) Demurrage
C) Running Lay Days
D) Weather Working Days

14 화물이 컨테이너 한 개에 만재되지 못하면 _____ , 만재되는 경우는 _______이라 한다. 만재되지 못하는 경우 작업하기 위한 공간을 ______ , 만자된 경우는 직접 CY로 반출한다. 각각 순서에 맞게 나열한 것은?

A) FCL – LCL – CFS
B) FCL – LCL – CY
C) LCL – FCL – CFS
D) LCL – FCL – CY

15 Consignee가 기재된 Bill of Lading은 ?

A) Straight B/L
B) Order B/L
C) Airway Bill
D) Seaway Bill

16 We would appreciate receiving <u>your best CIF Chicago on women's shirts as well as several sample</u>.

A) 여성용 셔츠의 견품 몇 점은 물론 시카고 운임 및 보험료 포함 최저가격
B) 여성용 셔츠의 견품 몇 점을 제외한 시키고 도착 운임 포함 최저가격
C) 여성용 셔츠의 견품 몇 점과 함께 시카고 운임 및 보험료 포함 최고가격
D) 여성용 셔츠의 견품 몇 점은 물론 시카고 운임 포함 최고가격

17 다음 문장 구성을 맞게 배열한 것은?

1) The purpose of "INCOTERMS" is to provide a set of international rules.
2) Thus, the uncertainties of different interpretations of such terms in different countries.
3) for the interpretation of the most commonly used trade terms in foreign trade.
4) can be avoided or at least reduced to a considerable degree.

A) 1–2–3–4 B) 1–4–2–3
C) 1–2–4–3 D) 1–3–2–4

18 As a multimodal condition, ___ represent the minimum involvement of the seller.

A) DDU B) DDP
C) EXW D) DAF

19 If the buyer wish to make sellers responsible for the arrival of the goods at destination at a particular time, ____ should be used instead of ____.

A) D terms/C terms B) C terms/D terms
C) C terms/F terms D) F terms/C terms

20 ____ means that the seller delivers when the goods are placed at the disposal of the buyer not clear for import at the terminal at the named port of destination.

A) FAS B) DAT
C) DDP D) DAP

21 The CIP term is in every respect wholly identical to the ____ term except the seller's added obligation to procure and pay for insurance.

A) CPT B) CFR
C) CIF D) FCA

22 According to term DAT, the seller's obligations extend until the goods have been discharged on to the terminal in the ____.

A) place of departure B) port of shipment
C) port of destination D) place of destination

23 This is a popular cargo delivery arrangement. The seller, in addition to CFR obligations, is obliged to procure marine insurance against the risks of loss of or damage to the goods in transit.

A) FCA B) CPT
C) CIF D) EXW

24 ____ means that seller delivers when the goods are placed at the disposal of the buyer at a place not cleared for import at the named port of destination.

A) FAS B) FCA
C) DAP D) DDP

25 Franco와 관계있는 것을 고르시오.

A) DAT B) EXW
C) DAP D) DDP

26 밑줄 친 부분을 각각 옳게 번역한 것은?

The attached brochure lists the <u>rock-bottom prices</u> and <u>they are in the market</u> for the lots.

A) 최저가격 - 구입하였다.
B) 정상가격 - 판매할 예정이다.
C) 최저가격 - 매입할 의사가 있다.
D) 적정가격 - 판매할 의사가 있다.

27 Should your price be competitive and suitable for our market, we are willing to place regular orders with you.

A) 귀사의 가격이 저렴하고 당 시장에 적합하기 때문에 귀사에게 정기적인 주문을 할 용의가 있습니다.
B) 귀사의 가격이 경쟁적이고 당 시장에 합당하므로 귀사에게 약간의 주문을 할 용의가 있습니다.
C) 귀사의 가격이 경쟁적이고 당 시장에 합당하다면 귀사에게 약간의 주문을 할 용의가 있습니다.
D) 귀사의 가격이 저렴하고 당 시장에 적합하다면 귀사에게 정기적인 주문을 할 용의가 있습니다.

28 This is a trail order, and if you complete it to our satisfaction, we will certainly place further orders in the near future

A) 이번이 첫 거래인만큼 신경을 많이 쓰셔서 제품을 만들어 주시면 좋은 결과가

있으리라 확신합니다.

B) 이번은 첫 거래인만큼 당사를 만족시켜 주시면 많은 주문을 하겠습니다.

C) 이번은 시험용 주문인데 이 거래를 당사가 만족할 만큼 완결해 주시면 가까운 장래에 틀림없이 더 많은 선적을 하겠습니다.

D) 이번은 시험용 주문인데 이 거래를 당사가 만족할 만큼 완결해 주시면 가까운 장래에 반드시 더 많은 주문을 하겠습니다.

29 식품 가공기 50세트에 대해 다음과 같이 주문하게 되어 기쁩니다.

A) We are pleasing to place an order to you for food processing machine of 50 sets as follows :

B) We are pleasing to place an order to you for 50 sets of food processing machine as following :

C) We are pleased to place an order with you for 50 sets of food processing machines as follows :

D) We are pleased to place an order with you for 50 sets of food processing machines as following :

30 견적해 드린 당사의 가격은 5월 말까지 도착하는 주문에 대해 3% 할인을 해드리는 조건입니다.

A) Our prices quoted are subjecting to 3% discount for an order to receive by the end of May.

B) Our prices quoted are subjected to 3% discount for an order receipt by the end of May.

C) Our prices quoted are subject to 3% discount for an order received by the end of May.

D) Our prices to quote are subject to 3% discount for an order receiving by the end of May.

✵ 틀린 해석을 고르시오.(31～40)

31
A) 대량주문 : substantial order
B) 주문을 취소하다 : cancel an order
C) 주문을 거절하다 : take an order
D) 최초주문 : initial order

32
A) 극비로 취급 : strict confidential
B) 별봉으로 : under separate cover
C) 유효하다 : remain in effect
D) 평판이 좋은 : a good reputation

33
A) 제공하다 : supply. . .with
B) 할인해 주다 : X% off the price
C) 도매가격 : spot price
D) 최저가격 : rock-bottom price

34
A) promising market : 수요가 많다
B) effect payment : 결제를 하다
C) on receipt of your order : 당신 주문을 받고
D) stipulated : 유효한

35
A) rush of orders : 주문 쇄도
B) within the time stipulated : 규정된 기간 안에
C) without gratis : 무료로
D) faulty packing : 포장불량

36

A) credit standing : 신용정보

B) financial standing : 재정상태

C) pro-forma invoice : 견적송장

D) sweat & heating : 가습, 열손

37

A) principal to principal : 본인 대 본인

B) prices quoted : 견적 가격

C) remittance : 수금

D) prompt amendment : 신속한 정정

38

A) forwarders : 운송 대리인

B) m/s Jeju : 제주 호

C) amiably : 우호적으로

D) dispatch department : 발송부

39

A) liability : 효력

B) constructive TL : 추정전손

C) Attention : 참조

D) actual TL : 현실전손

40

A) business terms : 거래조건

B) be forced to : 해결하다

C) mutually good business relations : 상호 도움되는 관계

D) certificate of origin : 원산지 증명서

▌해답▌ 종합문제(2)

(1~20)

1. d)	2. a)	3. b)	4. b)	5. c)
6. c)	7. b)	8. b)	9. d)	10. b)
11. a)	12. b)	13. b)	14. c)	15. a)
16. a)	17. d)	18. c)	19. a)	20. b)

(21~40)

21. c)	22. c)	23. c)	24. c)	25. d)
26. c)	27. d)	28. d)	29. c)	30. c)
31. c)	32. a)	33. c)	34. d)	35. c)
36. a)	37. c)	38. c)	39. a)	40. b)

▌해답▌ 쉬어가는 페이지(계약, 인코텀즈)

1. CARRIER 2. BOARD 3. UNPAID 4. QUAY 5. EXW
6. DDP 7. CPT 8. CIF 9. ALONGSIDE 10. FIRM
11. COUNTER 12. CAPACITY 13. ANY 14. FREIGHT 15. CARRIAGE
16. CLEAR 17. RAIL 18. INCOTERMS

▌해답▌ 쉬어가는 페이지(운송과 선하증권)

1. FEU 2. DISPATCH/DEMURRAGE 3. CY 4. FCL
5. WWD 6. TEU 7. CFS 8. LUMPSUM 9. STRAIGHT
10. MASTER 11. ORDER 12. LAY 13. AIRWAY
14. BARE/BERTH 15. RUNNING 16. SHEX STALE
17. LCL

▌해답▌ 쉬어가는 페이지(대금결제와 신용장)

1. APPLICANT 2. ISSUING 3. PAYMENT 4. RECOURSE 5. ESCROW
6. CONFIRMING 7. NEGOTIATED 8. DRAWER 9. FIDE 10. LADING
11. BENEFICIARY/BOARD 12. PAYER 13. ACCEPTANCE
14. DRAWER

▌해답▌ 쉬어가는 페이지(수출입 관계서류)

1. 5 2. 21 3. 30 4. 3 5. 3
6. 2 7. 40 8. 3

Unit 16

기출문제

제87회 무역영어 검정시험 기출문제 1급(2010년 6월 5일 시행)

✻ 다음 문제를 읽고 가장 알맞은 것을 골라 답안카드의 답란 (①, ②, ③, ④)에 표기하시오.

제1과목(영문해석)

↠ [문제 1~2] 다음을 읽고 물음에 답하시오.

> International transportation tends to involve greater distances, with cargo often changing hands or undergoing prolonged storage, so that there is a higher risk of damage, loss or theft than in domestic trade.
>
> Consequently, exporters and importers must understand their legal rights vis-a-vis carriers. If the goods have been damaged through the carrier's fault or negligence, the carrier's liability may depend on the contractual provisions and shipping information contained in the (A).
>
> Similarly, the importer needs to understand the extent of coverage provided by the (B), because it may need to claim under its provisions if the goods are damaged during transport.

01 Find the correct answers for (A) and (B).

① A: bill of lading B: insurance policy
② A: bill of exchange B: insurance policy
③ A: bill of exchange B: bill of insurance
④ A: bill of lading B: bill on insurance

02 What is the letter about?

① Transport-related risks
② Investment-related risks
③ Credit-related risks
④ Document-related risks

↔ [문제 3~4] 다음을 읽고 물음에 답하시오.

We are a large music store in the north area of Seoul, Korea, since 1996. 〈A〉 We would like to know more about re-writable and recordable CDs you advertise on this month. 〈B〉 We would appreciate if you could send us some samples in order to know whether your CDs would be suitable for our domestic market. 〈C〉 If they are of the standard we require, we will place a substantial order.

03 What is the purpose of the letter?

① Reply to an advertisement ② Request for a prospectus

③ Reply to an order ④ Request for a discount

04 위 서신에서 <A>,<B>,<C>의 순서로 가장 절적한 것은?

① A ⇒ B ⇒ C ② B ⇒ C ⇒ A

③ A ⇒ C ⇒ B ④ C ⇒ B ⇒ A

05 In this context, "LOCAL" means:

A credit has the following documentary requirement:: 46A: Documents required INSPECTION CERTIFICATE ISSUED BY A LOCAL INSPECTION AUTHORITY. A. Local to the place of the beneficiary. B. Local to the place from which shipment is effected C. Local to the place of manufacture of the goods. D. Any of the above

① A only ② A and B only

③ B and C only ④ D

•→ [문제 6~7] 다음을 읽고 물음에 답하시오.

> Please find enclosed our official order, No. AZ0412.
> For this order, we accept the 15% trade discount you offered and the terms of payment (sight draft).
> For payment, please send the shipping documents and your sight draft to Korea Trade Bank, Namdaemoon Branch, Seoul, Korea.
> We would appreciate delivery within the next six seeks, and look forward to your acknowledgement.

06 What is the purpose of the letter?

① Placing an order ② Request for early delivery
③ Request for shipping documents ④ Inquiry of the payment and shipment

07 Which of the following is NOT correct according to the letter?

① 위 서신의 작성자는 상대방의 가격과 지급조건에 동의한다.
② 지급을 위하여 선적서류와 함께 일람출급환어음이 발행되어야 한다.
③ 위 서신의 작성자는 선적서류를 신용장 개설은행에 송부하도록 요구한다.
④ 위 서신의 작성자는 물품이 6주 내에 인도되기를 희망한다.

08 The following are a series of correspondences generated by an importer, an exporter and a bank in the process of issuing a documentary credit, Please put them in the chronological order.

> 1) I have completed and enclose the form of application for a documentary credit. Please arrange to open for our account with your office in Toronto irrevocable credits for US$4000 a month in favor of North American Trading Company, the credits to be valid until September 30th next year.
> 2) On instructions from Hankuk Trading Inc. received through our Seoul for US$4000 in your favor valid until September 30th next year. You have authority to draw on us at 60 days against these credits for the amount of your invoices upon shipment of furs to Hankuk Trading Inc.

3) We shall be pleased to handle the shipment and to arrange for the necessary documentary credits with our Toronto branch against deposit of bill of lading and the form so that we can make the arrangements.
4) We have just concluded an agreement to purchase monthly shipments of furs from Canada over the next 6 months and would like to make use of foreign payment facilities by opening a series of monthly credits for US $4000 each in favor of the North American Trading Company. It has been agreed that we provide credits with a bank in Toronto against which our suppliers would draw for the value of shipments as they are made.
5) We have opened irrevocable credit in your favor of US$4000 a month with the Royal Bank of Canada, Toronto, valid until September 30th next year. The terms of the credit authorize you to draw at 60 days on the bank in Toronto for the amount of your invoices after each shipment.

① 1-2-3-4-5 ② 2-3-1-4-5
③ 3-2-5-1-2 ④ 4-3-1-5-2

09 Please choose one sentence which doesn't fit in the letter below.

1) We have recently extended our radio and television department and are thinking of adding new ranges to our present stocks.
2) We are particularly in your Clear Tone radio and television models and should be glad if you would send us your trade catalogue and terms of sale and payment.
3) As part of our efforts to keep down manufacturing costs, I an sure you will understand that we must increase sales by distributing through as many outlets as possible.
4) Your radio and television products are not yet offered by any other dealer here, and if we decide to introduce them we should like to request sole distribution rights in this area.

① 1) ② 2)
③ 3) ④ 4)

10 Below is a reply to a letter by an importer. Which of the following is LEAST likely to be included in the importer's letter?

Bill No. B/E 7714 I was sorry to learn about the embargo your government has placed on exports Honduras and of the problems this has created. However, the above bill already allows credit for 40 days, and although I appreciate your offer of an additional 7% interest on the outstanding your balance, it is impossible for us to allow a further 60 days' credit as we have cash flow difficulties this time.

① Could you allow us a further 60days clear our account, and draw a new bill of exchange, with interest of, say, 7% added for the extension of time?

② I regret to inform you that we will not be able to defer payment of our bill, No, B/E 7714, for $40,580 due on June 7.

③ Our government has put an embargo on all machine exports to Honduras.

④ As you are aware, our accounts with you have always been settled promptly, and it is with regret that we are now forced to make this request. hope you will find it possible to grant it.

[문제 11~12] Where can the following sentence best fit in the text below?

11 We would ask you to contact our forwarder to return the faulty goods at your convenience with ocean freight collect.

We have carefully read your letter of complaint dated January 4th about the discrepancy between the original samples and the shipped good. (①) Apparently this was caused by the oversight of our production department. (②)Please accept our apologies for the inconvenience. (③) We are sending you a new lot from our production line by air-freight. (④) If you would request, you may keep them at a reduced price of 5% off the invoice value.

12 European buyers, however, seem to be picking up in activity.

> From the enclosed price list you will notice that our prices are exceptionally low and this sacrifice is entirely due to our recognition of the necessity of price cutting in order to develop our sales in your market. (①) Since the market is now slow and prices are generally low, you are very fortunate to buy at this time. (②) Therefore, we advise you to buy the goods before the recovery reaches a peak. (③)
>
> Consequently, we can not keep the prices effective more than three weeks fromthe date of this mail and wish to receive your order by return fax or E-mail. (④) We hope that this will meet your immediate approval.

↠ [문제 13~14] 다음 중 가장 적절한 영문해석은?

13 An insurance document, such as an insurance policy, an insurance certificate of a declaration under an open cover, must appear to be issued and signed by an insurance company, an underwriter or their agents or proxies.

① 보험증권의 포괄예정 보험계약에 의한 보험확인서는 보험회사 또는 그 대리인이나 대리자들에 의하여 발행되고 서명되어야 한다.

② 보험증권, 보험증명서에 의한 보험확인서는 보험회사 또는 보험인수업체, 또는 그 대리인이나 대리자들에 의하여 발행되고 서명되어야 한다.

③ 보험증권, 포괄예정 보험계약에 의한 보험확인서 또는 보험증명서는 보험회사 또는 보험인수자, 또는 그 대리인이나 대리자들에 의하여 발행되고 서명되어야 한다.

④ 보험증명서의 포괄예정 보험계약에 의한 보험확인서는 보험회사 또는 그 대리인이나 대리자들에 의하여 발행되고 서명되어야 한다.

14 We would offer you this article in a variety of colors at prices ranging from $20 to $25 per FOB Pusan. We want to ship our goods by the next vessel bound for China.

① 당사는 귀사에게 다양한 색상의 이 상품을 부산발 본선 인도 가격조건으로 개당 20달러에서 25달러 가격으로 청약하고 싶습니다. 당사는 제품을 중국으로 향하는 다음 항차 선박에 선적하고 싶습니다.
② 귀사는 당사에게 다양한 색상의 이 상품을 부산 착 본선 인도 조건으로 개당 20달러에서 25달러 가격으로 청약하고 싶습니다. 원컨대 당사 제품을 중국으로 향하는 다음 선박에 선적해 주십시오.
③ 당사는 귀사에게 다양한 색상의 이 상품을 부산발 본선 인도 가격조건으로 개당 20달러에서 25달러 가격으로 오파 할 수 있습니다. 원컨대 귀사 제품을 중국으로 향하는 다음 선박에 선적하고 싶습니다.
④ 귀사는 당사에게 다양한 색상의 이 상품을 부산 착 본선 인도 가격조건으로 개당 20달러에서 25달러 가격으로 오파 할 수 있습니다. 원컨대 당사 제품을 중국으로 향하는 다음 선박에 선적해 주십시오.

15 Based on the information provided, what Incoterms would you see quoted in the credit?

44E: Port of Loading / Airport of Departure Pusan
44F: Port of Discharge/Airport of Destination Seattle
46A: Documents Required
+ SIGNED COMMERCIAL INVOICE IN TRIPLICATE
+ FULL SET CLEAN ON BOARD BILLS OF LADING GOODS CONSIGNED TO THE ORDER OF SEOUL BANK MARKED FREIGHT COLLECT AND NOTIFY APPLICANT

① FOB ② FCA
③ CFR ④ CPT

16 다음 괄호 안에 들어갈 가장 적절한 것을 고르시오.

Would you be kind enough to inform us whether the price you have quoted for the units does or does not include a twelve-month service contract, which we understand to be part of our agreement with you?

They want us let them know (   ).

① if we're providing A/S so that we are inexpensive

② how much the units will cost

③ if we're providing post service for a year

④ how much our service cost.

17 다음 중 그 취지가 다른 것은?

① We were given your name by the ABC Industrial Association in the London.

② We are one of the main producers of industrial chemicals in Korean and we are interested in entering the market of your country.

③ You were advised to us by Mr John Boil of HSBC in Hongkong that you are interested in supplying various watches.

④ The Korean Consulate in Peru has told us that you are looking for an agent in Seoul, Korea, to represent you.

[문제 18~20] Put the sentences in order.

18

(A) It is not at all difficult to understand that you were disappointed at having to replace your clutch at your own expense after only 11,000 miles.

(B) However, as you know, our warranty covers clutch failure only in the case of manufacture's defect.

(C) It is certainly natural for you to feel this expense should have been covered by the warranty.

(D) Please rest assured that every dealer is of course fully responsible for the standard of service he provides and must justify all work carried out or costs incurred while a customer's vehicle is on his premises.

① A−C−B−D ② A−D−B−C

③ B−D−A−C ④ D−A−B−C

19

(가) thank you for your buying offer on the Import-Export Bulletin Board dated September 25.

(나) Commodities : Cotton Towels, Unit Price : US$120 per dozen FOB Incheon, Delivery : During November, 2010. Payment : By sight draft under an irrevocable L/C

(다) we would appreciate your informing us your bank reference if you will inform us of your bank reference. Our bank is Hana Bank, Head Office(http://www.hanaib.com) in Seoul.

(라) for which we are pleased to send you our firm offer by E-mail subject to your reply reached no later than November 5, 2010 GMT as follows.

① 가－나－다－라　　② 가－라－다－나
③ 가－라－나－다　　④ 가－나－다－라

20

(1) Traditionally, decision making by managers that is reasoned step-by-step has been considered preferable to intuitive decision making.

(2) This confirms the alternative view that intuition is actually more effective than careful, methodical reasoning.

(3) However, a recent study found that top managers used intuition significantly more than did most middle-or-lower-level managers.

(4) Top managers are more effective at decision making than middle-or-lower-level managers.

① 4－1－3－2　　② 2－3－4－1
③ 3－4－1－2　　④ 1－2－3－4

↔ [문제 21~22] 다음 중 문맥상 가장 부적절한 문장은?

21

There are inherent risks when payment is performed by a documentary credit. ① Paper documents are susceptible to forgery, alteration or simple misrepresentation. ② In some cases, an importer may find that the documents presented are apparently conforming, but that the goods delivered contain defects. ③ In this case, the importer is able to stop or avoid payment for the exporter's breach of contract.

④ Therefore it is important for importers to seek to protect themselves form these risks by carefully checking the identity of their counter-parties.

22

① Other training will be provided with opportunities to take sponsored qualifications in international business and marketing. ② Large manufacturing company based in the US with factories in Korean requires an overseas project managing representative. The successful candidate, GA. ③ The ability to speak and write Korean is essential. You must be fluent in conversational Korean and English. ④ Closing date for applications is within 27 days from opening date.

23 Which of the following is correct according to the letter below?

I am writing to you concerning your order, No. ZI 1024/d, which you placed three weeks ago. At that time we had expected to be able to complete the order within the delivery date, June 18, but since then we have heard that our main supplier of chrome has gone bankrupt.

It will be necessary to find an alternative supplier who can fulfil all the outstanding contracts we have to complete. As you will appreciate this will take some time, but we are confident that we should be able to deliver consignments to our customers by the middle of next month.

The units themselves have been assembled and only need completing. We regret this unfortunate situation over which we had no control, and apologize for the inconvenience caused. You might think about order cancellation but please note that we will be able to complete delivery by the middle of next month.

① The manufacturer could not complete the order due to a recent strike at its main supplier's factory.
② The manufacturer intends overcome the problem by contacting a new supplier who's also in the same area.
③ The manufacturer is very confident that it can complete the order and deliver the goods within the initially agreed delivery date.
④ The manufacturer stresses that since it can complete the delivery by the middle of the next month, and asks the importer to wait until the new delivery date proposed.

24 다음 서신의 빈칸에 가장 적절하지 않은 것은?

> We have received your letter of October 31 about the shipment of the wrong manuals. We apologize for the error and will correct it to your satisfaction.
> Two manuals - TM2153 and TM2154 - have been sent to your attention under separate cover. In this letter, I have enclosed a discount coupon for ten percent off your next purchase. In addition, a revised invoice is enclosed. (   )

① Next time, spend more for shipping and this won't happen.
② Let me say again we regret any inconvenience very important to us.
③ We cannot apologize enough. Your satisfaction is very important to us.
④ Again, we regret the error and apologize for any inconvenience. We look forward to serving you in the future.

25 Which statement is CORRECT according to the passage?

> Your request to raise FOB prices of recently introduced models by 8% effective September 1 to cover increasing cost pressure was indeed discouraging.
> We completely understand and sympathize with the need to raise prices at this time to insure profits.
> However, you are strongly encouraged to recall that this time a great deal of money was spent on promotion and promotional materials to see that these products got off to a good start. These costs have not yet to be recovered. In

light of this, we urge you to reconsider at least the timing and the delay of the increases for at least six months. Your positive consideration of our positions as well will greatly facilitate our mutually rewarding marketing efforts.

① There is not any increasing cost pressure.

② Getting off to a good start was meaningless

③ A lot of money was spent on promotion.

④ The price of recently introduced models will be raised by 5%.

제2과목(영작문)

26 다음 문장을 완성하는데 적절한 용어나 문장을 고르시오.

We offered 100 pairs of Leather Gloves for shipment during November, 2010 at USD 50 a pair (   ).

Therefore the following 'we confirm your acceptance' from the offeror constitutes an acceptance in a legal sense.

① subject to prior sale

② subject to your acceptance

③ subject to our final confirmation

④ subject to the goods being unsold

27 다음 문장을 이어 가장 논리적으로 이어지는 문장을 고르시오.

We trust that the prices are workable except ladies' belts whose price is a bit higher than other brands sold here. (   )

① If you are in the position to accept our request, we will place an order.

② We are enclosing our purchase order sheet.

③ We would therefore ask you to reduce the price of ladies' belts b $ 5.00 per piece.

④ Thank you very much for your firm offer and samples.

↠ [문제 28~29] 다음을 읽고 물음에 답하시오.

> Policy No. AR 66172241
>
> (A) I regret that the ABC company accept liability for goods unless they are shipped clean (see Clause 26B of the policy).
>
> (B) The report states that the B/L, No. 553719, was (　　) by the captain of vessel, with a comment of some cracks in the cases of the machinery.
>
> (C) Our assessor believers that these cracks were the first signs of the weakening and splitting of the casing during the voyage, and that this eventually damaged the turbines themselves.
>
> (D) I have now received our assessor's report with reference to your claim CF 37568 in which you asked for compensation for damage to two turbine engines which were shipped on M/S Hanjin dated 11 October, for delivery to you.
>
> Claims Manger

28 Put the sentences A~D in the correct order.

① B–C–D–A　　② A–B–C–D
③ D–B–C–A　　④ C–B–A–D

29 Which word is most suitable for blank?

① claused　　② cleaned
③ corrected　　④ cleared

↠ [문제 30~32] 다음 괄호 안에 가장 적절한 것은?

30 (　　) is to be made within the time (　　) in each contract. The date of (　　) shall be taken as a conclusive proof the date of shipment. Unless specially arranged, the port of shipment shall be at (　　)'s option.

① loading – stipulated – lading note – seller
② shipment – prescribed – bill of lading – seller
③ loading – stipulated – bill of lading – buying
④ shipment – prescribed – lading note – buying

31 (　　　) has been ratified by more than 144 countries, and the number is rising every year which is called New York convention on arbitration.

① ICSID Convention

② The convention on the Recognitions and Enforcement of Foreign Arbitral Awards.

③ Vienna Convention

④ Tokyo Convention

32 (　　　) issued by a bank in Korea in favor of the domestic supplier is to undertake the bank's payment to the supplier of raw materials or finished goods for exports on behalf of the exporter.

① Local L/C　　② Revolving L/C

③ Credit inquiry　　④ Draft

33 Which of the following can logically appear immediately after the passage below?

I was sorry to hear about the damage to part of the consignment, NO. S9877, which was sent to you last week. I have checked with our despatch department and our records show that the goods left here in perfect condition. Our checker's mark on the side of each box - a blue label with a packer's number and date on it - indicates this. Since you made the arrangements for delivery, I am afraid we cannot help you this time.

① We estimate the loss on invoice value to be 790.00 and as the goods were sent carrier's risk we are claiming compensation for that amount.

② I suggest you write to Speedy Transport. I am sure they will consider compensation as the goods were being carried at carrier's risk.

③ Because of our long standing relationship and in light of the heavy loss we know this will incur to you, we fell urged to search for an alternative solution even though we both may suffer some loss.

④ Even though the damage was mostly attributable to a cause beyond our control, we will surely cooperate with you in the process of investigation.

34 아래 문장을 논리적으로 배열한 것 중 가장 적절한 것은?

a. The production of the goods you ordered is already under way and will surely be ready for shipment on the S.S. Victory scheduled to leave New York on August 20. We are only waiting for the arrival of your letter of credit, and hoping that it will reach us in time for shipment.
b. Acknowledging and confirming our exchange of cables, we now enclose the following Sales Contracts covering your orders for 30,000 Vinyl Sandals. We request a deposit of twenty percent of total cost.
c. We hope you will find our products satisfactory and allow us to have the chance of serving you again. And we hope hath this initial business will lead to a long lasting and fruitful association between us.
d. If shipment is delayed, you may cancel this contract and file a claim for compensation, unless otherwise specified in the trade terms used in this Contract, which shall be governed and interpreted by the provisions of Incoterms, 2000.

① a-b-c-d
② a-d-b-c
③ b-a-d-c
④ d-b-a-c

35 다음 서신의 순서가 가장 잘 된 것을 고르시오.

1. At this stage, I have not made an investigation of the status of the company.
2. Enclosed for your evaluation is a report form a company in Jeju. I appreciate the quality of the English, and it was well prepared by the inventor of the system.
3. Should you be interested in further details, I will, of course, be glad to obtain documents for you.

4. It seems that there is considerable interest from other organizations, specially in the United States. The inventor would be quite pleased with a share in the company if it is offered.
5. I look forward to some indication of your disposition in this regard.

① 3 − 1 − 2 − 4 − 5　　② 2 − 4 − 1 − 3 − 5
③ 5 − 4 − 3 − 2 − 1　　④ 4 − 2 − 1 − 5 − 3

36 다음 두 문장을 하나의 문장으로 재구성했을 때 의미상 논리적으로 가장 적합한 것은?

Since orders form many different countries are rushing in for our products, all the mills will be fully engaged for some time to come. We regret that in these circumstances, we are not able to take any more orders for at least 6 months.

① Since all the mills will be fully engaged for some time to come owing to the orders rushing in from many different countries for our products, we are very sorry, in these circumstances, not to be able to take any more orders for at least 6 months.
② We regret, in these circumstances, not to be able to take any more orders for at least 6 months thanks to the rush of orders from many different countries so that all the mills will be fully engaged for some time to come.
③ All the mills will be fully engaged for some time to come because of the rush of orders from so many different countries for our products that we are very sorry, in these circumstances, not to be able to take any more orders for at least 6 months.
④ Due to the demand rushing in from many different countries for our products, which will lead to all the mills being fully engaged for some time to come, we regret, in these circumstances, not to be able to place any more orders for at least 6 months.

37 Chose the one that best rewrites the first sentence to match its meaning.

a. As the urgency of your order left no time to make the usual inquiries, we are compelled to place this transaction on a cash basis.
→ We have no choice but to make the usual inquiries since your order needed to processed immediately.

b. In keeping with our usual terms of payment we have drawn on you at 60 days and passed the draft and shipping documents to our banker.
→ We have drawn on you at a 60 days and sent the draft and shipping documents to our banker based on the agreement made in our earlier correspondence.

c. Since the standing of the importer is unknown to us, we do not wish to hand over the shipping documents on a D/A basis.
→ We believe it is unwise to surrender the shipping documents only against acceptance because we have little knowledge of the importer whose standing has not been checked yet.

d. The terms of the irrevocable credits that we have opened in your favor with the bank in Seoul authorize you to draw a 60 days for the amount of your invoice.
→ We have opened irrevocable credits in our favor with the bank in seoul which will allow you to draw a 60 days for the amount of your invoice following our instruction.

① a ② b
③ c ④ d

38 Fill in appropriate words in the following brackets.

Agent & Distributor :
Some cases import or export deals are arranged through an exporter's agent or distributor (가) - in this case importer buys from a company in (나) country. Alternatively, the deal may be arranged through an importer's (다) or a buying house acting for the importer, or through an export house based in the (라)'s country.

① overseas - his own - buying agent - exporter

② domestic - his own - export agent - buyer

③ overseas - exporter's - buying agent - exporter

④ domestic - exporter's - buying agent - buyer

39 다음 글에서 어법상 틀리거나 어색한 부분은?

> ① Please quote us the lowest rate of freight for 10,000 sets of soy bean paste weighing 5,000kgs and measuring 5,000 cubic meters from Busan to Qingdao in China. ② The goods will be ready for shipment by next week. ③ In addition, please let us know the earliest vessel available by email. ④ Please respond us as soon as possible.

40 다음 영작 중 문법상 가장 부적절한 것을 고르시오.

> 이 주문에 대한 귀사의 확인서를 받는 즉시 만기일자는 선적일자 후 10일로 하고 선적일자보다 30일 전에 신용장을 개설하겠습니다.

① On receiving your confirmation of this order, we will open an L/C 30 days prior to the shipping date with an expiry date 10 days after shipping date.

② Upon receiving your confirmation of this order, we will open an L/C 30 days prior to the shipping date with an expiry date 10 days after shipping date.

③ As soon as we receive your confirmation of this order, we will open an L/C 30 days prior to the shipping date with an expiry date 10 days after shipping date.

④ Once we will receive your confirmation of this order, we will open an L/C 30 days prior to the shipping date with an expiry date 10 days after shipping date.

41 글 (A)를 읽고 이를 요약한 글 (B)의 빈 곳에 맞는 말을 고르시오.

(A) We received the goods you sent to us and found some of the goods were broken. Broken products can't be on the market. We called the shipping company and said that they were responsible for the damage.

However, they denied their responsibility and told us that they do not hold any responsibility for the damage according to the contract. We want you to look into this problem and talk to the shipping company. Please let us know to whom we should claim damages.

(B) We ( ) the goods we ( ) and found some of the goods were ( ). Shipping company didn't want to take the ( ) of the damaged goods. After talking with the shipping company, please ( ) us to whom we should claim damages.

① were received / demanded / damaged / response / notifies
② were received / ordered / unmarketable / respond / speak
③ received / demanded / unmarketable / responsible/ speak
④ received / ordered / damaged / responsibility / notify

42 Which of the following pairs has the same meaning?

① We feel that we are not at fault and suggest that you file a claim with the insurance company.
→ After careful investigation we could not find or error on our part. A claim for the damage should be placed on the insurance company.

② These damages have obviously been due to your mistakes in packing the goods because they were packed without any padding.
→ Upon unpacking the goods, we found that the case was damaged and the contents were unusable.

③ We have to draw your attention to the fact that the goods don't match the sample which you sent us at the time of contract.
→ Unpacking the goods, we found that they didn't agree with the

quality of the original sample you sent recently.

④ Upon completion of your investigation, we will make a satisfactory compensation for the loss you claimed.

→ In oder to adjust this matter, we will compensate for the loss you suffer in view of our long standin business relationship.

↠ [문제 43~44] 다음을 가장 적절하게 영작한 것은?

43 당 은행의 경험으로서는 동 회사는 정시에 채무를 변제해 오고 있습니다.

① As per our bank's experience with this company, they have met their obligation on time.

② According to our bank experience goes, this company are repaying their liabilities punctually.

③ As far as our bank/s information goes, they are punctually meeting their debts.

④ As per our bank's information, they were punctually meeting their commitments.

44 당사는 금일 ABC 은행 뉴욕지점으로 하여금 주문서 제 603호의 미화 5만 달러에 대하여 귀사를 수익자로 하여 취소불능신용장을 발행하도록 지시하였습니다.

① We have today ordered the ABC bank, New York Branch, to issue an irrevocable letter of credit in favor for the amount USD50,000 of Order No. 603.

② We have today instructed the ABC bank, New York Branch, to establish an irrevocable letter of credit in your favor for the amount USD50,000 of Order No. 603.

③ We have today directed the ABC bank, New York Branch, to open an irrevocable credit line on your favor for the amount USD50,000 of order No. 603.

④ We have today told the ABC bank, New York Branch, to operate an irrevocabel letter of credit in your favor for the amount USD50,000 of Order No. 603.

45 다음 문장을 영작한 것을 보고 괄호에 가장 적절한 단어로 구성된 것을 고르시오.

LC를 여전히 받지 못했기 때문에 비록 생산을 다 마쳤지만 수출을 위한 법률상의 정식절차를 거칠 수가 없습니다. → As we ( ) ( ) ( ) the L/C, we cannot go through legal ( ) for exports even though we finished production.

① didn't – still – get – formal ② didn't – get – still – formalities
③ still – didn't – get – formalities ④ still – didn't – get – formalities

46 Which of the following is most appropriate in the blank to complete the letter below using the situation in the box.

Your company imports cotton underwear from India. You are writing a letter to reject a quotation you received form one of the suppliers in India because prices are too high. Yet, you have strong desire to do business with the supplier and thus request better terms.

Dear Mr. Hnnubi, Thank you for your letter of 20 April and for the samples of cotton underwear you very kindly sent to us. I appreciate the good quality of these garments, (1) To accent to the prices you quote would leave us with only a small profit on our sales since (2) (3) May I suggest that perhaps you could make some allowance on your quoted prices (4) If you cannot do so, then I must regretfully decline your offer as it stands.

① 1) But, as your prices are a lot more competitive than those we have been quoted by other dealers, we regret we cannot place an immediate order.
② 2) we believe our success is primarily due to putting our clients first.
③ 3) we like the quality of your goods and would welcome the opportunity to do business with you.
④ 4) which would allow us to supply the goods you ordered to the market here in Korean without delay.

47 Choose one sentence which does not fit in the text.

> The firm you inquired about in your letter of April 5 is one of the most reliable importers in this city.
> We have been doing business with them for more than ten years and there has been not a single instance in which they failed to meet their obligations.
> As you will see from their balance sheets of recent years enclosed, their business in construction machines has been managed and operated under a satisfactory condition.
> We feel sure that their reputable position among the local wholesalers in our district has resulted from their steady and sincere way of doing business.
> Their senior parter is an active businessman about forty years old, with unlimited resources and sound judgement.
> You will run no risk in dealing with them, though of course this is our personal opinion, for which we assume no responsibility.
> We hope that this information will prove useful to you and ask you treat it with utmost discretion.

① This is the answer about the credit inquiry of fellow trader.

② They informed requirer that fellow trader failed to perform responsibility for the first time.

③ Their fellow trader has respectable fame because of their firm and earnest way of doing business

④ The answer about credit inquiry is their personal opinion.

48 Complete the letter below using the phrases in the box.

> overdue accounts, bankruptcy proceedings, legal action, bad debts

I would to have information about Falcon Trading Co., who have asked us to allow them open account facilities with quarterly settlements and credits of up to $16,000. Would you please tell us if this company has any (1) in the past: if any (2) has been taken against them to recover (3); what sort of reputation they have amongst suppliers in the trade; whether they have ever traded under another name, and if they have, whether that business has been subject to (4)? Please would you make the necessary inquiries, and let us know your fee.

① 1)bad debts 2)legal action 3)bankruptcy proceedings 4)overdue accounts
② 1)legal action 2)bankruptcy proceedings 3)bad debts 4)overdue accounts
③ 1)overdue accounts 2)legal action 3)bad debts 4)bankruptcy proceedings
④ 1)overdue accounts 2)bankruptcy proceedings 3)legal action 4)bad debts

49 Put the following sentence in the correct place in the letter below.

We find it hard understand why precautions could not be taken to prevent a repetition of the earlier damage overdue accounts, bankruptcy proceedings, legal action, bad debts

The Carpet supplied to our order number C1202 of June 30 was delivered by your carriers this morning.

We noticed that one of the outer edges of the wrapping had been worn through, presumably as a result of friction in transit. When we took off the wrapping it was not surprising to find that the carpet itself was soiled and slightly frayed at the edge.

(①) This is the second time in 3 weeks that we have had cause to write to you about the same matter.

(②) Although other carpets have been delivered in good condition, this second experience within such a short time suggest the need for special precautions against friction when carpets are packed onto your delivery vehicles. (③) We hope you will bear this in mind in handling our future order.(④)

50 Read the information in the box and choose the sentence which is NOT appropriate to be included in the letter.

An insurance company rejects a claim on the grounds that the bill of lading was not clean.

> Policy No. PR 342 9000
>
> I have now received our assessor's report with reference to your claim CF 36543 in which you asked for compensation for the damage to ten turbine engines which were shipped ex-San Francisco on the Freemont on October 21, for delivery to your customer, DongSan Industries, Busan.
>
> ① The report states that the B/L, No. 987321, was claused by the captain of the vessel, with a comment on cracks in the casing of the machinery.
>
> ② Our assessor believes that these cracks were the first signs of the weakening and eventually damaged the turbine themselves.
>
> ③ Given the type of damage, it would be in your interest to considering hiring a new shipping company which can provide more safer vessels.
>
> ④ I regret that the company cannot accept liability for goods unless they are shipped clean. I am sorry that we cannot help you further.

제3과목(무역실무)

51 해상보험의 2009 협회적화약관에서 개정된 내용 중 틀린 것을 고르시오.

① 보험기간의 종기가 "인도된 때"에서 "하역 완료시"로 개정

② 선박/부선의 불감항과 부적합의 면책범위 보험자가 유리하도록 확대개정

③ 보험기간의 시기가 "적재 후 창고를 떠날 때"에서 "적재를 위하여 처음 이동될 때"로 개정

④ 운송 개시 후, 제3자가 행한 불완전 포장으로 인하여 손해가 발생된 경우 보상하도록 개정

52 외국의 온라인 쇼핑몰로부터 구매한 물품의 수입통관에 대한 설명이다. 틀린 것을 고르시오.

① 수입쇼핑몰형 거래물품을 수입하는 전자상거래업체는 국내구매자 명의로 수입신고를 한다.

② 수입대행형 거래물품의 수입신고서상 납세의무자는 국내구매자이다.

③ 총 과세가격이 15만 원 이하인 자가사용물품의 경우는 관세를 면제한다.

④ ③의 경우라도 수입쇼핑몰형 전자상거래업체가 수입하는 물품은 소액물품면세대상이 아니다.

53 다음은 화물의 운송규격에 대한 설명이다. 틀린 것을 고르시오.

① 1CBM은 항공운송은 0.67M/T, 해상운송은 1M/T로 계산한다.

② 해상화물운송용 컨테이너인 TEU, FEU에는 이론상 각각 33CBM, 67CBM이 적재된다.

③ 우리나라는 총중량 40M/T이 초과되는 차량의 운행을 제한하고 있다.

④ ③의 사항을 위반하면 200만 원 이하의 벌금이 부과된다.

54 산업설비수출은 FOB가격으로 미화 50만 달러 상당액이상의 규모인 경우에 승인을 요한다. 승인신청 할 설비의 대상이 아닌 것을 고르시오(단, 해외건설공사와 함께 일괄수주방식에 의하여 수출하는 설비는 제외).

① 지상파 디지털방송 송수신 설비

② 용수처리설비 및 해수의 담수화설비

③ 송유시설, 저장탱크설비 및 저장기지설비

④ 공기조화설비, 공해방지설비

55 신용장거래에서 비서류조건(Non-Documentary Condition)에 대한 다음 설명 중 틀린 것은?

① 비서류조건은 무시된다.

② 비서류조건이더라도 신용장에서 요구된 서류와 관련시킬 수 있다면 비서류조

건으로 보지 않는다.

③ 신용장에 따라 제시된 서류에 신용장의 비서류조건과 상충되는 사항이 기재된 것은 하자가 아니다.

④ 신용장에서 요구하지 않는 서류에 신용장의 비서류조건과 상충되는 사항이 기재된 것은 하자가 아니다.

56 다음 중 신용장에 의한 대금결제에 대한 설명으로 틀린 것은?

① 개설은행이 아닌 타 은행이 상환하는 경우 매입은행은 매입한 선적서류를 상환은행에 보내어 대금을 청구해야 한다.

② 신용장통일규칙(UCP 600)에서는 상업송장에 대해 다른 서류보다 더 엄격한 일치성을 요구한다.

③ 매수인인 신용장개설의뢰인은 신용장하에서 발행되는 환어음의 지급인이 될 수 없다.

④ 송부되어온 서류에 하자가 있을 경우 개설은행은 거절에 앞서 개설신청인이 인수할 용의가 있는지 여부를 교섭할 수 있다.

57 CISG(국제물품매매계약에 관한 UN 협약) 상 Seller는 Buyer가 물품의 인도수령과 대금지급을 지체할 경우에 물품을 보존해야 한다. 다음 설명 중 틀린 것을 고르시오.

① 불합리한 지체가 계속되면 매각의사를 합리적으로 통지하고 물품을 매각할 수 있다.

② 물품을 매각하기 위하여 소요된 비용을 제외하고 잔액은 반환하여야 한다.

③ 물품을 매각했다면 매각대금은 전액 반환되어야만 한다. 매각비용은 별개의 문제이다.

④ 쉽게 변질되거나 과도한 보존비용이 들면 매각의사를 합리적으로 통지하고 물품을 매각할 수 있다.

58 해상보험약관에서 소손해면책비율(franchise)과 초과공제면책비율(excess deductible)에 관한 설명이다. 옳은 것을 고르시오.

① 면책비율 5% 품목에서 7%의 손해가 나면 면책에 속하는 5%를 공제하지 않고 2%만 보상해 주는 것이 초과공제면책비율 약관이다.
② 협회적하약관 FPA 조건에서는 WA 조건과 달리 면책비율이 적용된다.
③ 면책비율 5% 품목에서 7%의 손해가 나면 면책에 속하는 5%를 공제하고 2%만 보상해 주는 것이 소손해면책률비율 약관이다.
④ 신협회적하약관에서는 면책비율 약관이 없어지면서 소손해면책비율이 ICC(B) 조건에 적용되지 않는다.

59 자동차의 녹다운(knock-down) 수출방식에 따른 경제효과는 일반적으로 'CKD>SKD>DKD'로 분석된다. 분석결과와 일치하지 않는 것을 고르시오.

① 수출자의 현지 투자 규모
② 일반적인 수입지의 관세율
③ 수입지 현지 고용 효과
④ 수입지 현지 공장 규모

60 다음은 해상선하증권의 약관 중 운송인의 자유재량권에 대한 약관이다. 틀린 것을 고르시오.

① 컨테이너화물의 갑판적(on deck stowage)할 권리
② 위험물 및 금지 제품 등에 대한 자유처분권
③ 운임의 채권확보수단으로 컨테이너 내장화물의 임의처분권
④ 환적운송(transshipment and forwarding) 및 분할선적의 자유

61 다음 중 무역대금의 결제에 적용되는 환율에 대한 설명이 잘못된 것은?

① 수입업자가 수입대금을 송금수표로 발급받는 경우 전신환매도율이 적용된다.
② 수출업자가 견본대금으로 받은 송금수표를 원화로 받을 때 전신환매도율이 적용된다.

③ 수출업자입장에서 일람출급환어음매입률은 전신환매입률보다 낮은 환율을 적용받는다.

④ 어음기간의 기산일이 일람후부터인 기한부어음에 대해서는 일람출급환어음매입률에서 어음기간에 대한 이자를 차감한다.

62 화물선적과정에서 선적지시서(S/O)에 기재된 수량보다 50bale의 화물이 부족한 것이 발견되었다. 이 경우 수출업자가 신용장에서 요구하는 Clean B/L을 발급받기 위해 이용하는 L/I와 M/R, B/L간의 관계를 잘못 설명한 것은?

① L/I를 발행한 사실을 반드시 보험회사에 알려야 한다.

② 무사고 선하증권이 발급되더라도 선하증권에는 L/I가 발행된 사실이 반드시 나타나야 한다.

③ L/I가 발행되었어도 제3자인 Clean B/L 소지자가 선사를 상대로 클레임을 제기하면 선사는 배상을 하여야 한다.

④ L/I는 B/L의 진실성을 해치는 허위표시로서 수하인 등 증권소지인을 속이는 결과가 되어 법리상 불법서류로 본다.

63 용선계약(charter parties)에 관한 설명 중 잘못된 것은?

① voyage charter에서는 용선자가 선박을 운항하고 선원도 관리한다.

② 용선자가 용선한 선박을 다른 자에게 재용선(sub-charter)할 수 있다.

③ 용선계약서와 선하증권은 서로 다른 것이다.

④ 신용장에서 운송서류로 선하증권을 요구한 경우 용선계약부 선하증권을 제시하면 하자가 된다.

64 CISG(국제물품매매계약에 관한 UN 협약) 상 손해배상책임의 면책요건이 아닌 것을 고르시오.

① 계약서에 면책조항(exemption clause)이나 책임부인조항(disclaim clause)이 삽입된 경우

② 계약불이행의 원인을 제공하여 상대방의 계약불이행을 주장할 수 없는 경우
③ 위반당사자가 불이행의 사실을 상대방에게 통지하였으나 접수하지 못한 경우
④ 당사자 쌍방에 그 책임을 돌릴 수 없는 사정에 의하여 이행이 불가능하게 된 경우

65 체납된 관세에 대하여 그 납부기한이 경과한 날부터 100분의 3에 상당하는 가산금을 징수하도록 하고 있다. 가산금에 대한 설명 중 틀린 것을 고르시오.

① 관세의 납부기한이 경과한 날부터 매 1월이 경과할 때마다 체납된 관세의 1,000분의 12에 상당하는 중가산금을 징수한다.
② 중가산금은 가산금에 다시 가산하여 징수하되 60개월을 초과하지 못한다.
③ 체납된 관세는 세관장이 징수한 내국세의 금액이 포함되지 아니한다.
④ 체납된 관세가 100만 원 미만인 때에는 중가산금의 가산을 적용하지 아니한다.

66 다음을 읽고 CISG(국제물품매매계약에 관한 협약)에 근거하여 잘못된 설명을 고르시오.

> Under the sale contract, ABC Co (the seller) should deliver 100 bags of No.1 sugar by May 30 to XYZ Co (the buyer and distributor). On May 15, ABC Co delivered to XYZ Co 100 bags of sugar that had been so contaminated by mildew that it could not be resold. XYZ Co immediately notified ABC Co of it.
>
> On May 25, ABC Co tendered to XYZ Co a second delivery of 100 bags in exchange for the 100 bags delivered 10 days earlier. In this second deliver, while 99 bags complied fully with the contract, 1 bag graded No.4 and could be resold by XYZ Co at a 50% discount.

① XYZ Co can claim damages he has suffered.
② XYZ Co can declare the entire contract avoided for the non-conformity of the goods existing in the second delivery.
③ XYZ Co can reduce the price for the non-conformity of the goods existing in the second delivery.
④ XYZ Co can require the ABC Co to deliver the substitute goods for the 1 bag graded No. 4.

67 수출입 제한품목의 여부를 확인하기 위한 방법으로 적절치 않은 것을 고르시오.

① 전략물자수출입 제한여부는 전략물자관리시스템(www.yestrade.gɔ.kr)을 통하여 확인한다.
② 통합공고 상의 수출입 제한품목은 통합공고의 수출입요령 통하여 확인한다.
③ 수출제한지역의 확인은 국제평화 및 안전유지 등 의므이행을 의한 무역에 관한 특별조치를 확인한다.
④ 통합공고 상의 수출입 제한품목은 각 개별법의 법규정을 확인하고 관계부처에 문의한다.

68 수출팩토링제도에 대한 다음 설명 중 잘못된 것은?

① 수출업자는 Client, 수입업자는 Customer라고 불린다.
② 수출업자는 선적 후 외상수출채권을 수출팩터에게 양도하고 선급금을 받는다.
③ 비소구조건의 수출팩토링은 수입업자가 대금을 지불하지 않아도 수출업자는 상환의무를 지지 않는다.
④ 신용장을 비롯하여 CWO, O/A(Open Account) 등 결제방식에 상관없이 자유롭게 이용할 수 있다.

69 다음은 관세의 납부와 관련한 설명이다. 틀린 것을 고르시오.

① 세액이 500만 원 이하인 경우에는 신용카드, 직불카드로 납부할 수 있다.
② 세액에 과부족이 있을 때에는 신고납부한 날부터 6개월 이내에 보정을 신청할 수 있다.
③ 세액이 과다한 것을 안 때에는 납세신고를 한날부터 2년 이내에 경정을 청구할 수 있다.
④ 세액에 부족이 있는 때에는 보정기간 이후에 수정신고를 할 수 있는데 5%의 가산세가 징수된다.

70 무역클레임이 발생할 경우에 대비한 채권자의 자세에 대한 설명이다. 틀린 것을 고르시오.

① 계약 당사자가 채무능력이 없는 고용인일 경우, 채무능력이 있는 자에게 채무이행각서를 받도록 한다.
② 채무자가 채무변재기일에 도래했음에도 불구하고 지연할 경우에는 참고 기다리는 업계의 관습을 존중하도록 한다.
③ 대금지급의 지연이 장기화 되면 채무이행독촉을 하여 채무자가 채권변재의사가 있음을 서면으로 확인하도록 한다.
④ 과거의 대금지급관행을 근거로 하여 지급지연의 경과가 장기화되지 않도록 주의한다.

71 다음은 무역어음제도에 대한 설명이다. 이 가운데 잘못된 것은?

① 수출업자가 수출신용장을 근거로 선적 전에 발행한 기한부어음을 금융기관이 인수하게 된다.
② 인수된 무역어음은 중개기관을 통해 할인·매각하여 수출업자금을 조달하게 된다.
③ 재원조달이 금융기관의 자체 자금이나 일반투자가를 대상으로 이루어지는 것이 아니라 전액이 한국은행의 재원으로 뒷받침되는 무역금융제도라는데 특징이 있다.
④ 무역어음을 발행하는 수출업자는 무역어음 인수기관을 지급장소(지급지)로 하며 환어음 형태의 무역어음을 발행한다.

72 다음은 UCP600에서 요구하는 각 운송서류의 적합성을 설명한 것이다. 잘못된 설명은?

① 항공화물운송장(Air Waybill)은 물품이 운송을 위하여 항공기에 적재완료 되었음을 나타내고 있어야 한다.
② 신용장에 'Full set of original AWB'과 같이 요구하고 있을 경우라도 송하인용 1부만 제시하면 된다.
③ 항공운송서류의 발행일은 실제 선적일을 부기하고 있지 않은 한 선적일로 간주된다.

④ 신용장이 환적을 금지하고 있는 경우 전 운송구간이 동일한 항공운송서류에 의해 커버되는 경우에는 환적이 일어날 것임을 표시하고 있어도 수리가능하다.

73 다음 중 추심결제방식의 특징이 아닌 것을 고르시오.

① Adopting the draft law
② Adopting the URC
③ Drawee of Bill of Exchange should be an exporter
④ Lower bank commission than business of L/C

74 다음을 읽고 CISG(국제물품매매계약에 관한 협약)에 근거하여 옳은 설명을 고르시오.

> In accordance with the sale contract, ABC Co. (the seller) is required to deliver the goods by place them at his place of business by March 15 at the disposal of XYZ Co. (the buyer). The contract also provided that XYZ Co. would take the goods away by his own transport at any time between March 15 and April 15.
> On March 15, ABC Co. placed the goods ready for delivery.
> However, on April 1, the goods were destroyed by a fire in the warehouse of ABC Co.

① XYZ Co bears the risk of loss because it has passed to him on March 15.
② XYZ Co bears the risk of loss because it has passed to him on the next day of March 15.
③ ABC Co bears the risk of loss because it does not pass to XYZ Co until XYZ Co takes over the goods.
④ Although the risk of loss has passed to XYZ Co on March 15, ABC Co has breached the contract because the goods were destroyed by a fire in his warehouse.

75 국제계약서에서 볼 수 있는 다음과 같은 계약조항의 제목으로 가장 적절한 것은?

> If any provision of this Agreement is held by a court of competent jurisdiction to be unenforceable, such decision shall not affect the validity or enforceability of any of the remaining provisions, which remaining provisions shall continue to have full force and effect.

① Partial nullity clause
② Merge clause
③ Paramount clause
④ Jurisdiction clause

▮해답▮ 제87회 기출문제(1급)

(1~20)

1. ①	2. ①	3. ①	4. ①	5. ④
6. ①	7. ③	8. ④	9. ③	10. ②
11. ④	12. ②	13. ③	14. ①	15. ①
16. ③	17. ②	18. ①	19. ③	20. ①

(21~40)

21. ③	22. ①	23. ④	24. ①	25. ③
26. ③	27. ③	28. ③	29. ①	30. ②
31. ②	32. ①	33. ②	34. ③	35. ②
36. ①	37. ③	38. ①	39. ④	40. ④

(41~60)

41. ④	42. ①	43. ①	44. ②	45. ④
46. ③	47. ②	48. ③	49. ②	50. ③
51. ②	52. ①	53. ①	54. ①	55. ③
56. ①	57. ②	58. ②	59. ②	60. ③

(61~75)

61. ②	62. ②	63. ①	64. ③	65. ③
66. ②	67. ④	68. ④	69. ④	70. ②
71. ③	72. ①	73. ③	74. ③	75. ①

제87회 무역영어 검정시험 기출문제 2급(2010년 6월 5일 시행)

※ 다음 문제를 읽고 가장 알맞은 것을 골라 답안카드의 답란 (①, ②, ③, ④)에 표기하시오.

제1과목(영문 해석)

[문제 1~4] Read the following passage and choose the most appropriate answer for each question.

Chrimson Korea Co., Ltd.
Manufactures and Exporters
CPO Box 1772, Incheon, Korea

Dear Sirs,

Thank you for your inquiry of November 2. We are very interested to hear that you saw our advertisement in "Korea Herald Times".

In your letter, you requested a special discount of 20% of the current price lists. While appreciating your request, we must indicate that our price lists have been cut to the barest minimum possible, and our products of item No. TG-332745G are exclusive.

However, we would be very pleased to allow you the requested 20% discount of you care to raise your order to 100,000 items. We will wait for your confirmation before completing your order.

We look forward to hearing from you soon.

Very truly yours,

Mitchell Cameron, Manager
The Overseas Project in INCONE Co., Ltd.

01 The passage is primarily concerned with:

① placing an order ② confirming the order
③ negotiating the prices and the quantities
④ advertising products

02 Which statement is CORRECT according to the passage?

① INCONE is rejecting Crimson's request.
② The Korean manufacturer is requesting 20% off the original price
③ INCONE Co., Ltd. reveals curiosity about Crimson Korea Co., Ltd. in November.
④ There are no ways to lower the current prices in the list.

03 Which statement in CORRECT according to the passage?

① Mitchell works at Crimson Korea Co., Ltd.
② The Current price list of INCONE Co., Ltd. are final
③ Crimson Korea Co., Ltd. originally placed an order of 100,000 items.
④ Mitchell is waiting for Crimson Korea Co., Ltd.'s confirmation.

04 Which statement is INCORRECT according to the passage?

① Crimson Korea Co., Ltd. is located in Incheon, Korea
② Crimson Korea Co., Ltd. is asking for a special discount of 20% off
③ Crimson Korea Co., Ltd. is interested in purchasing TG-332745G.
④ Crimson Korea Co., Ltd. placed an advertisement in the Korea Herald Times.

[문제 5~6] 다음은 무역서신의 일부이다. 읽고 물음에 답하시오.

In reply to your fax of 9 November, our earliest vessel due out of Busan for Australia is the SUNSTAR, which is at present loading at No.3 Dock of Busan port, and will continue the loading operation until 12 November, when she sails. She is due in Sydney on 3 December. The freight rate for cased cargo is USD 150 per ton.

We have enclosed our standard shipping note and bill of lading for you to complete and return to us.

05 위 서신의 목적은 무엇인가?

① 송화인이 선사에게 선적의뢰를 위하여
② 선사가 송화인의 문의에 답하기 위하여
③ 수출자가 수입자에게 선적통지를 위하여
④ 선사가 수화인에게 착화통지를 위하여

06 위 서신에 대하여 옳지 않은 것은?

① SUNSTAR호는 현재 부산항 3번 부두에서 선적작업이 개시되도록 대기하고 있다.
② 부산항에서 SUNSTAR호의 선적마감일은 11월 12일이다.
③ SUNSTAR호는 11월 12일에 출항할 예정이다.
④ 선사는 화주에게 선하증권상 기입을 완료하여 선사에게 반송토록 요구한다.

07 다음 편지에서 밑줄 친 단어의 동의어가 잘못 짝지어진 것은?

> The above captioned consignment was delivered to our premises on 13 March 2010. It consisted often boxes of readable and re-writable CDs, two of which are badly damaged.
> We have contacted our supplier, and they informed us that they were in perfect condition when the goods were deposited at your depot. Therefore, we assume that the damage occurred while the consignment was in your care. The boxes were marked FRAGILE and KEEP AWAY FROM HEAT. However, the nature of the damage to the goods (the CDs were scratched, warped, or split) suggests that the consignment was roughly handled and left near a heater.

① Captioned – underlined ② Premises – place of business
③ Badly – greatly ④ Fragile – brittle

↔ [문제 8~9] 다음은 무역서신의 일부이다. 읽고 물음에 답하시오.

> We have been testing the market with a new line of furniture assembly kits, and have found that demand for these kits, both here and overseas, has exceeded my expectations. In the past six months alone, we have had over US $120,000 worth of orders, half of which we have been unable to fulfill because of our limited resources.
>
> For this, we will make a loan for about US $40,000 to buy additional equipment and raw materials. As a part of (　　), we can offer US $10,000 in ordinary shares, and US $5,000 in local government bonds. We estimate it would take us about six months to repay a loan of this size.

08 문맥상 위의 괄호 안에 가장 적절한 것은?

① security　　② credit

③ asset　　④ property

09 위 서신에 대하여 옳지 않은 것만으로 구성된 것을 고르시오.

> A: 위 서신의 작성자는 국내 및 국외에서 예상외로 많은 주문을 받았다.
> B: 위 서신의 작성자는 지난 1년간 모두 US $120,000의 주문을 받았다.
> C: 위 서신의 작성자는 모든 주문에 응할 수 없는 점에 대하여 사과한다.
> D: 위 서신의 작성자가 모든 주문에 응할 수 없는 이유는 생산설비와 원료부족 때문이다.

① A, B　　② B, C

③ C, D　　④ A, D

↠ [문제 10~11] 다음은 무역서신의 일부이다. 읽고 물음에 답하시오.

> You were recommended to us by your trade association and I am writing on behalf of our principal in Korea, who is interested in importing men's leisurewear from your country.
>
> Could you send us your latest catalogue and price list, quoting your most competitive prices?
>
> Our principal is a large chain store in Korea and will probably place substantial orders if the quality and prices of your products are suitable.

10 위 서신의 작성자의 거래상 지위는?

① distributor
② selling agent
③ Buying agent
④ importer / reseller

11 위 서신에 대하여 옳은 것은?

① 위 서신의 작성자는 물품을 직접 수입하고자 한다.
② 위 서신의 작성자는 카탈로그와 가격리스트를 보길 원한다.
③ 위 서신의 작성자는 대규모 유통회사를 운영하고 있다.
④ 위 서신의 작성자는 가격보다는 품질을 우선한다.

12 다음 글의 제목으로 가장 적절한 것은?

> Since it is often difficult for exporters to verify the credit-worthiness and reputation of foreign buyers, there is an increased risk of non-payment or late payment. Consequently, wary exporters frequently insist on payment by irrevocable documentary credit or make use of other security devices.

① Credit risk
② Country risk
③ Legal risk
④ Product risk

↔ [문제 13~15] 다음 문장을 올바르게 해석한 것을 고르시오.

13 Thank you for your acceptance of our Order sheet No.55 We have instructed KookminBank, Jungang-dong branch to open an irrevocable L/C for US$10,000 in your favor, valid until May 20.

① 당사의 주문서 55호 수락을 감사드립니다. 당사는 국민은행 중앙동지점에게 귀사를 수익자로 하여 5월 20일까지 유효한 10,000$짜리 취소불능 신용장을 개설하도록 지시했습니다.

② 당사의 주문서 55호 수락을 감사드립니다. 귀사는 국민은행 중앙동지점에게 당사를 수익자로 하여 5월 20일까지 유효한 10.000$짜리 취소불능 신용장을 개설하도록 지시했습니다.

③ 귀사의 주문서 55호 수락하였음을 감사드립니다. 귀사는 국민은행 중앙동지점에게 당사의 요청으로 5월 20일까지 유효한 10,000$짜리 취소불능 신용장을 개설하도록 지시했습니다.

④ 당사의 주문서 55호 수락을 감사드립니다. 귀사가 당사의 요청으로 국민은행 중앙동지점에게 당사를 수익자로 하여 5월 20일까지 유효한 10,000$짜리 취소불능 신용장을 개설하도록 지시했습니다.

14 We suggest you accept our offer without delay, since the price will most likely have an upward trend by the end of this month.

① 이 달 말경 가격이 오르는 쪽으로 바뀔 가능성이 낮기 때문에 당사는 귀사가 지체 없이 당사 오퍼를 수락할 것을 권합니다.

② 이 달 말까지 가격이 오를 가능성이 높기 때문에 당사는 귀사가 지체 없이 당사오퍼를 수락할 것을 권합니다.

③ 이 달 말경 가격이 오르는 쪽으로 바뀔 가능성이 모호하므로 당사는 귀사가 지체 없이 당사오퍼를 수락할 것을 권합니다.

④ 이 달 말경 가격이 오르는 쪽으로 바뀔 가능성이 높기 때문에 귀사는 당사에게 지체 없이 연락해 줄 것을 바랍니다.

15 Concluding that further delay would only lead to our mutual loss, we decided to meet you halfway by withdrawing our proposal.

① 더 지연되면 상호간 손실을 초래할 뿐이라는 결론을 내렸기 때문에 당사는 당사의 제의를 철회함으로써 귀사의 조건에 양보할 것을 결정했습니다.
② 더 지연되면 상호간 손실을 초래할 뿐이라는 결론을 내렸기 때문에 당사는 당사의 제의를 조정하여 귀사와 타협할 것을 결정했습니다.
③ 더 지연되면 상호간 손실을 초래할 뿐이라는 결론을 내렸기 때문에 당사는 귀사의 제의를 받아들여서 귀사와 타협할 것을 결정했습니다.
④ 더 지연되면 상호간 손실을 초래할 뿐이라는 결론을 내렸기 때문에 당사는 당사의 제의를 철회함으로써 귀사와 타협할 것을 결정했습니다.

16 다음 문장들을 배열할 때, 논리적으로 가장 적절한 순서는?

A: In the past, many companies exported only after domestic markets had become saturated.
B: However, in today's increasingly integrated global markets, many companies adopt an export program as a necessary part of a competitive strategy.
C: Meanwhile, others began only when they found that extremely high profit margins could be earned from sales to particular foreign markets.
D: If a company's competitors are exporting, it may need to do so as well to avoid being placed at a disadvantage.

① A → B → C → D　② A → C → B → D
③ A → B → D → C　④ A → D → C → B

17 다음에서 밑줄 친 단어를 대신할 수 있는 것을 고르시오.

The negotiating bank must forward the documentary bill of exchange to us by two <u>successive</u> airmails.

① safe　② excellent
③ consecutive　④ accomplished

↔ [문제 18~19] Put the sentences in the box in order.

18

> Dear Mr. Smith;
> (A) We agree that the economic environment and other circumstances have improved significantly in the interim.
> (B) As the first step in this direction, we would like to update the information we have on your operation.
> (C) The situation now would seem to be more conductive to consider expanding our business to your area.
> (D) Enclosed is a questionnaire which would provide all the data required.

① A → B → C → D ② A → D → C → B

③ A → C → B → D ④ A → C → D → B

19

> 가. We have no other choice but to ask you to take them back and replace them with the merchandise of quality equal to that of the original sample.
> 나. We hope that you will take this matter into your careful consideration and let us know your solution immediately.
> 다. Upon unpacking the cases, we found that the quality of the merchandise was far inferior to the sample on which we placed the order.
> 라. The goods are not suitable for our customers needs and therefore we are not able to accept the discrepancies

① 나－다－가－라 ② 다－라－가－나

③ 나－가－다－라 ④ 다－가－라－나

20 Which pair of the following does NOT have the same meaning?

① Please ensure that the problem does not arise again → Make sure that it doesn't happen again.

② I regret that in this case we are unwilling to offer a refund. → We're not giving you your money back.

③ We are planning to buy them from someone else. → We will be preparing to buy alternatives.

④ We are sorry about the muddle. → We apologize for the confusion.

21 The purpose of this letter is to:

In December 2009 Shinhwa Communications was acquired by SangComm Pte Ltd. As a result of this acquisition, we have amended our registered name for future correspondence.

① announce expansion of existing business

② announce a change of the company's representatives

③ announce a change of the company's name

④ announce establishment of a new branch

22 Choose the number in the second box where the following text can be inserted.

We have to ask for your most competitive prices on the particular item, your sample No.10 which is in high demand.

We have received your letter of August 25, thank you for the supply of samples according to our expectation.①   Your prices are not competitive and therefore we are unable to place an order with you at this time,② even though we are favorably impressed with your samples. ③ As we indicated in our last letter, our requirements for this line is very strong.   Under such circumstances, ④ We trust you will make every effort to revise your prices.

23 아래에서 <A>와 <B>는 각각 누구를 지칭하는가?

〈A〉 is the person that issues or signs a draft, instructing 〈B〉 to pay a specified sum of money to, or to the order of, a named person(payee), or to bearer. In a documentary collection, 〈A〉 is the seller. 〈B〉 is instructed by 〈A〉 to pay a specified sum of money to, or to the order of, the payee, or to bearer. In a documentary collection, 〈B〉 is generally the buyer.

① 〈A〉 – drawer 〈B〉 – drawee ② 〈A〉 – issuer 〈B〉 – issuee
③ 〈A〉 – producer 〈B〉 – producee ④ 〈A〉 – endorser 〈B〉 – endorsee

24 다음 문장의 괄호 안에 가장 적절하지 않은 것을 고르시오.

A. (a) are one of the main trade documents which are not only requests for payment but also records of transactions.
B. In (b) transactions, the supplier draws a bill on the customer. It states that the customer will pay the supplier an amount within a stated time.
C. (c) is a document issued by a buyer on a bank's request, ordering an amount of money to be paid to a supplier.
D. When a letter of credit is accompanied by shipping documents, it is called a (d)

① a – Invoices ② b – Bill of exchange
③ c – Bank draft ④ d – Documentary credit

25 Choose the sentence that best fits the text.

Shipment : Your Order No. 124

We have to invite your attention to stevedores' strike which started a week ago. It is feared to last at least another four weeks. We must consider a change, therefore, in our shipping arrangement.

We have to ask you to direct our goods to Shizuoka via Nahoya : we would also ask you to pay attention to crating because of the increased distance your goods must travel by road.

The latest date for shipment remains unchanged.
You will perhaps confirm by cable that you can follow our new instructions.

① The supplier informs the buyer of a warning in shipment.
② The supplier wants to change its shipping arrangement.
③ The supplier wants to turn goods to Nagoya.
④ Their goods continue to be considered an important project.

제2과목(영작문)

[문제 26~27] Read the following letter and answer the questions.

Dear Ms. Yoon,
(1) We are happy to be able to inform you that the parts you ordered are now on stock and available for pick up at the above address.
(2) As always, it is our full intent to provide you with dependable and quality service, and in keeping with this goal, we appreciate your understanding in waiting.
(3) If we may be of further (   ), please call upon us at any time.
(4) Please accept our sincerest apologies for the delay in delivery and we thank you for your patience in this matter.

26 In the above letter, sentences were placed without an order. Please place the sentences in the right order.

① 1 - 4 - 3 - 2 ② 1 - 4 - 2 - 3
③ 4 - 1 - 3 - 2 ④ 4 - 1 - 2 - 3

27 Choose the word that would be inappropriate in the blank.

① help ② request
③ support ④ assistance

↔ [문제 28~30] Choose one which falsely translates the following Korean sentence into English.

28 ① 당사 주문품 NR-500을 4월 5일 받았습니다.

→ Our Order NR-500 was received on April 5.

② 어떻게 실시하면 좋은지 지시를 기다리겠습니다.

→ We look forward to your instructions on how you would like this carried out

③ 이 건에 관해 불편을 끼쳐드린데 대하여 사과를 드립니다.

→ Please accept our apology for any inconvenience this matter has caused you.

④ 만족하시도록 설명을 드리리라 확신하고 있습니다.

→ We are confident they will explain nothing to your satisfaction

29 ① 본 청약은 2010년 7월 31일까지 유효하다

→ This offer is effective till July 31, 2010.

② 본 가격은 통지 없이 변경이 가능하다.

→ The price is subject to change without notice.

③ 시장은 매우 활발하고 전망이 좋다

→ The market is very brisk with a strong upward trend.

④ 귀사의 청약을 받아들입니다.

→ We have to decline your offer.

30 Mexican Line의 배선표에 따르면 10일간의 지연은 불가피하지만 늦어도 8월 선적은 보증합니다.

① A delay of 10 days seems to be unavoidable

② according to the shipping schedule of Mexican Line

③ but we guarantee shipment

④ during August at the best

31 다음을 적합한 문장이 되도록 순서를 나열하시오.

Well, (a) the end of (b) today (c) brings me (d) to (e) my talk (f) that

① (a) – (b) – (d) – (f) – (e) – (c)
② (f) – (c) – (d) – (a) – (e) – (b)
③ (e) – (c) – (d) – (a) – (f) – (b)
④ (e) – (c) – (f) – (d) – (a) – (b)

32 다음 보기 문장의 빈칸에 알맞은 단어가 순서대로 나열된 것을 고르시오.

(a) Will you be able to find out when the first plane to ( ) Paris?
(b) By the time I retire, I will have ( ) here for 10,000 working days.
(c) I will ( ) the documents in the post you first thing tomorrow.
(d) Excuse me, Mr. Lim, when are you ( ) to our Chinese clients? Well,
(a) the end of (b) today (c) brings me (d) to (e) my talk (f) that

① worked – leave – going – put
② leave – worked – put – going
③ put – going – leave – worked
④ going – put – worked – leave

33 아래의 빈칸에 가장 적합한 말은?

We allow a discount of 6% off the invoice value for ( ), 3% if paid within 30 days.

① Payment by cash
② D/A
③ Open account
④ Deferred payment

34 밑줄 친 부분을 가장 바르게 고쳐 쓴 것은?

> The shipping company rejected our claim by notifying us that they <u>are not responsive for</u> this matter.

① do not bear the responsibility for ② do not liable for
③ do not responsible for ④ are not responsive to

35 밑줄 친 부분을 가장 바르게 고쳐 쓴 것은?

> We are pleased to <u>inform for</u> you that we have shipped the following goods.

① to you ② of you
③ as you ④ you

36 A Documentary Credits Manager of Americana Bank, writes to exporters WolfBros, informing that a letter of credit has been opened. Choose the correct expression from the box to fill in the blanks in the letter below.

> L/C No. 23908 / AGL
> We are 1) on behalf of the EastWest Bank, Hong Kong, and would like to 2) ______ you that the above documentary credit for 7,500 has been opened in your favor by your customers TopWine Inc. The Credit is valid until 12 December and all bank 3)________ have been paid.
> Please include the following documents: Bill of Lading, Invoice for full value of the sale CIF Hong Kong, and Insurance certificate.
> Would you also 4) a sight draft for the full amount of the invoice on us so that we can 5) this account.

① acting − report − prices − open − draw
② contacting − inform − prices − settle − report
③ acting − inform − charges − draw − settle
④ contacting − report − charges − settle − open

37 다음을 영작할 때 괄호 안에 들어갈 가장 적합한 표현을 고르시오.

저는 데이비드 한입니다. KM인터내셔널에 영업과장으로 유럽지역 판매를 책임지고 있습니다. → My name is David Han. I work ( ) KM International ( ) manager of sales department, and I am ( ) exports in Europe.

① for - as - responsible for
② at - for - in charge of
③ in - as - in charge of
④ from - as - responsible for

38 다음 문장에 가장 논리적으로 이어지는 문장을 고르시오.

These days, prices of oil and other raw materials for the plastic cups we ordered are down by almost 10% compared to the time when we made our first contract.

① So, if you consider decreasing the price of plastic cups to 5 %, we would be more than happy.

② So, if you consider decrease the price of plastic cups to 5%, we will be very grateful.

③ So, if you consider decreasing the price of plastic cups by 5%, we would continue our business relations. Otherwise, we may try to find other supplier.

④ So, if you consider decreasing the price of plastic cups by 5%, we will increase our export of aluminum cups

39 빈칸에 가장 알맞은 단어는?

If fuel costs _________ significantly, the terms of the tour contract may have to be _________.

① rise - remained
② rise - renegotiated
③ include - rearranged
④ include - renegotiated

40 밑줄 친 부분을 가장 바르게 고쳐 쓴 것은?

It seems that some damages were made <u>because</u> the wrong packing.

① on account of ② due to
③ owing for ④ in spite of

41 A와 B를 동일한 내용으로 만들기 위해 괄호 안에 들어갈 가장 적절한 것을 고르시오.

A: We are taking you to court to get our money back
B: Unfortunately, we have no (   ) but to take legal action to recover the debt.

① idea ② problem
③ procedures ④ choice

42 다음 글에서 밑줄 친 부분들 중에서 가장 틀리거나 어색한 부분은?

I'm writing to (1) <u>complain about</u> a shipment of tubular steel garden furniture received yesterday against invoice No.T-8432-1. The crates(2) <u>were damaged</u> outside, and (3) <u>appeared</u> roughly handled. When we unpacked (4) <u>it</u>, we found that some of the chair legs were rusty

① (1) ② (2)
③ (3) ④ (4)

43 다음 중 빈 칸에 들어갈 수 없는 말은?

_______Your amended LC, we will make a complete shipment to your satisfaction.

① As soon as we receive ② Once we receive
③ On receiving ④ Once we will receive

44 다음 빈칸에 들어갈 적당한 단어들로 짝지어진 것은?

We inform you that the Korea Exchange Bank has today issued an ___ for USD100,000 ________ covering the goods in our order No. 270.

① revocable credit - to the beneficiary
② irrevocable credit - to the beneficiary
③ revocable credit - in your favor
④ irrevocable credit - in your favor

45 Choose the most appropriate response.

A: Would you like to go for a drink this evening? B: ________________________________

① They have no savings
② I'll keep my eyes open.
③ I'm sorry I can't. I'm having dinner with some clients.
④ Well, then, go ahead and sit down.

↠ [문제 46~47] 다음 우리말을 가장 적절하게 영작한 것을 고르시오.

46 귀사가 조회한 물품은 재고가 없으나 당사는 대체품을 보내 드릴 수는 있습니다.

① The goods you inquired are sold out, but we can offer you other goods.
② The goods you inquired about are selling, but we can offer you a substitute.
③ The goods you inquired have been sold out, but we can provide you a substitute.
④ The goods you inquired about are sold out, but we can't offer you a substitute.

47 당사의 가격은 고급품의 대량생산으로 인하여 저렴하며, 당사의 브랜드 상품에 대한 독점 판매권을 귀사에게 부여할 용의가 있습니다. 견품 몇 개가 필요하시면 항공편으로 품질을 보여주기 위한 제품을 보내드리겠습니다.

① Our prices are competitive due to mass production of high quality goods, and we are giving you the right of exclusive distributorship of our brand goods. If you need some samples, we will dispatch our quality product by air.

② Our prices are competitive due to mass production of high quality goods, and we prepared to grant you the right of sole distributorship of brand goods. If you need some samples, we will send our quality product by courier.

③ Our prices are competitive owing to mass production of high quantity goods, and we are prepared to grant you the right of sole distributorship of brand goods. If you need some samples, we will transport our quality product to you.

④ Our prices are competitive owing to mass production of high quality goods, and we are prepared to give you the right of exclusive distributorship of our brand goods. If you need some samples, we will dispatch our quality product by air.

48 다음 문장을 보고, 괄호에 들어갈 가장 적합한 단어로 구성된 것을 고르시오.

We plan to (　　　) the advertising campaign by supplying brochures and leaflets to all out dealers. It will be necessary to (　　　) the enclosed customs form for clearance.

① back up - fill in　　② fill it up - turn down

③ take in - work on　　④ make out - work out

49 다음 주어진 우리말을 영작했을 때 순서대로 가장 잘 배열한 것은?

> 6월 30일에 청도를 향하여 인천을 출항할 예정인 귀 선박 위동해운의 선복 100제곱미터를 예약하여 주시기 바랍니다.
>
> (A) for Qingtao　　(B) on your M/S "Weidong"
> (C) on June 30th　　(D) Space of 100 CBM
> (E) leaving Incheon　　(F) please reserve

① F－D－B－E－A－C　　② F－E－B－D－A－C
③ B－F－E－D－A－C　　④ F－C－B－E－A－D

50 다음 문장을 영작할 때 괄호 안에 들어갈 가장 적절한 단어는?

> 최근의 원자재값 상승으로 인해 우리는 가격을 올리지 않을 수 없었다.
> → The recent in prices of ______ leaves us no alternative but to increase our ________.

① increase - materials - sum　　② ascend - commodity - cost
③ rise - raw materials - prices　　④ go up - distribution - figure

제3과목(무역실무)

51 수입물품의 원산지 표시에 대한 설명이다. 옳은 것을 고르시오.

① 우리나라에 수입된 모든 물품에는 원산지가 표시 되어야 한다.
② 원산지 표시대상 물품의 고시는 HS 6단위 기준이다.
③ 개인에게 무상 송부된 탁송품 또는 여행자 휴대품도 원산지 표시가 되어야 한다.
④ 우리나라에서 수출된 후 재수입되는 물품은 원산지 표시를 하지 않아도 된다.

52 2009 협회적하약관에서 개정된 위험의 시기와 종기에 대한 설명 중 틀린 것을 고르시오.

① 보험기간의 시기는 보험 목적물이 적재를 위해 처음 이동될 때이다.
② 보험기간의 종기는 보험 목적물이 하주에게 인도된 때이다.
③ 보험기간의 종기는 보험 목적물이 인도를 위하여 하역이 완료된 때이다
④ 보험기간의 시기와 종기는 피보험자에게 유리하도록 개정되었다.

53 무역 어음이 발행되어 상환될 때까지의 흐름을 설명 한 것 중 틀린 것을 고르시오.

① 수출업자는 무역 어음인 환어음을 발행하여 인수 은행에게 인수를 요청한다.
② 수출업자는 회수된 수출 대금을 ①의 인수 은행에게 상환한다.
③ 수출업자는 인수 은행이 인수한 어음을 교부받아 종금사 등으로부터 할인 받게 된다.
④ ③의 종금사는 수출업자로부터 회수된 수출 대금을 상환 받게 된다.

54 UCP 600을 학습하는 목적에 대한 설명이다. 틀린 것을 고르시오.

① 신용장 거래를 위한 은행의 신용장 서류심사 기준을 학습하기 위함이다.
② 국제물품매매계약서를 작성하기 위하여 인용되는 단어의 적절한 선택을 학습하기 위함이다.
③ 국제물품매매거래에서 사용되는 서류에 대한 국제적인 관행을 학습하기 위함이다.
④ Seller와 Buyer의 의무와 권리에 대한 국제적인 관행을 학습하기 위함이다.

55 외국의 쇼핑몰을 통하여 구매한 송장가격이 USD 250 이상의 특송화물은 우리나라에 배달될 경우에 일반적으로 어떠한 INCOTERMS를 적용하여 배달되는 것이 적절한지 고르시오.

① DDP　　② DDU
③ DES　　④ DAF

56 위약물품은 수입통관 시 납부했던 관세를 환급 받을 수 있다. 위약물품에 대한 환급 요건으로 적절치 않은 것을 고르시오.

① 위약물품을 사용하여 형태가 변경되어도 환급 받을 수 있다.
② 수입신고수리일로부터 1년 내에 보세구역에 반입하여 수출 또는 폐기하여야 한다.
③ 환급신청자는 수입물품이 계약(수입신고필증)과 상이함을 입증하여야 한다.
④ 수입신고가 수리되고 관세를 납부한 물품이어야 한다.

57 수입신고를 신청하기 위해서는 관세를 미리 산출하여야 한다. 관세를 산출하는 계산방식으로 알맞은 것을 고르시오(단, 환율은 관세청장이 고시하는 것을 기준으로 한다).

① 외국통화표시 수입물품의 가격 × 수입신고일의 전신환 매입환율 × 관세율
② 외국통화표시 수입물품의 가격 × 수입신고일의 전신환 매도환율 × 관세율
③ 외국통화표시 수입물품의 가격 × 수입신고일의 대고객 매도환율 × 관세율
④ 외국통화표시 수입물품의 가격 × 수입신고일의 전주 전신환 매도율 평균 × 관세율

58 Drawback을 받을 수 있는 수출의 종류가 아닌 것을 고르시오.

① 내수용보세공장에 반입하는 물품
② 북한으로의 물품 반출
③ 수출계약을 위하여 무상으로 송부하는 견본용 물품의 수출
④ 주한미군에 대한 물품의 판매중 대가를 외화로 받는 판매

59 다음 중 해상 고유의 위험이 아닌 것은?

① 투하(Jettison)
② 좌초(Stranding)
③ 침몰(Sinking)
④ 충돌(Collision)

60 다음은 해상선하증권의 약관 중 운송인의 면책약관에 대한 설명이다. 틀린 것을 고르시오.

① 화물의 고유한 성질 또는 외형적 하자에 기인한 손해의 면책
② 선박의 숨은 하자에 기인한 손해의 면책
③ 재판상 억류, 검역상 제한, 기타 공권력의 제한에 기인한 손해의 면책
④ 송하인 또는 화물 소유자의 행위에 기인한 손해의 면책

61 다음 내용이 설명하고 있는 것은?

신용장하에서 발행된 기한부환어음을 금융기관이 할인, 매입하는 금융방식의 일종이다. 대체로 3~5년의 중장기금융수단이며 개도국에 산업설비나 플랜트, 기계류 등을 수출할 경우 연불조건을 제공할 수 있어 금융상의 비교우위를 확보할 수 있다.

① 포피팅(Forfaiting) ② 팩토링(Factoring)
③ 트레이드카드(Trade Card) ④ 수입화물대도장(Trust Receipt)

62 다음은 보세운송을 하여야 하는 경우이다. 옳지 않은 것을 고르시오.

① 외국에서 우리나라 보세전시장으로 반입되는 외국물품
② 우리나라 보세판매장에서 외국으로 반출되는 외국물품
③ 수출신고가 수리된 외국으로 반출되는 외국물품
④ 지정장치장에서 보세구역외 장치장으로 반출되는 외국물품

63 국제계약서에서 볼 수 있는 다음과 같은 계약조항의 제도으로 가장 적절한 것은?

Neither Party shall be liable, or be deemed to be in default, to the other Party hereunder by reason or account of any delay or omission caused by epidemic, fire, power outages, action of the elements, strikes, lockouts, sabotage (except as caused by a Party's employees or agents), labor disputes, governmental law, regulations, ordinances, order of a court of competent jurisdiction, executive decree or order, act or God or public enemy, war, riot, civil commotion, earthquake, flood, explosion, casualty, embargo or any other similar cause beyond the control of such Party.

① Paramount clause ② Hardship clause
③ Force majeure clause ④ Termination clause

64 다음은 부품이나 반제품을 해외현지에 수출하여 제품을 완성하는 현지조립방식의 녹다운(Knock-down) 수출형태이다. 다음 중 녹다운 수출형태가 아닌 것을 고르시오.

① CKD(Complete Knock dawn) ② SKD(Semi-Complete Knock dawn)
③ DKD(Disassembled Knock dawn) ④ OKD(Offset Knock dawn)

65 다음은 각 INCOTERMS 2000 조건과 관련된 수출상의 보험서류 제출의무 및 운송서류상 운임표시 내용을 연결한 것이다. 가장 적절하게 연결된 것을 고르시오.

① CPT, 보험서류 – 요구됨, 운임 – Freight Collect
② DDU, 보험서류 – 요구됨, 운임 – Freight Prepaid
③ CFR, 보험서류 – 요구되지 않음, 운임 – Freight Prepaid
④ FAS, 보험서류 – 요구되지 않음, 운임 – Freight Prepaid

66 다음 중 D/A조건의 결제방식에 대한 설명으로 옳지 않은 것은?

① 수입업자를 지급인으로 하는 환어음이 발행된다.
② 수입업자의 신용을 바탕으로 대금결제가 이루어지며 은행의 지급확약이 없다.
③ 환어음의 만기일은 'at XX days after sight와 같이 기한부로 나타난다.
④ 수입지의 추심은행은 수입업자가 수입대금을 지급하면 선적서류를 인도한다.

67 다음은 무역클레임의 해결방법으로서 상사중재제도가 유리한 이류를 설명한 것이다. 틀린 것을 고르시오.

① 단심제이기 때문에 판정이 신속하다.
② 중재 당사자가 뉴욕협약의 체약국에 속할 경우 중재판정은 국내외적 집행이 보장된다.
③ 중재인의 선정에 대하여 중재 당사자가 관여할 수 있다.
④ 중재합의가 없이도 국제사법에 의하여 중재가 가능하다.

68 INCOTERMS 2000의 EXW조건에 대한 설명이 잘못된 것은?

① 계약서에 합의된 일자나 기간 내에, 혹은 시기가 합의되지 않은 경우에는 물품의 인도를 위한 통상의 시기에 수거차량에 적재되지 않은 물품을 지정된 인도장소에서 매수인의 임의처분상태로 적치할 때 인도가 완료된다.
② 인도장소로서 지정장소내 특정지점이 합의되지 않은 경우에는 매수인이 자신의 목적을 최대한 달성할 수 있는 지점을 선택할 수 있다.
③ 이 조건에서 매도인은 인도의 증거로서 운송서류를 제공할 의무가 없다.
④ 매수인은 수출당국이 지정한 검사, 및 모든 선적전 검사비용을 지급해야 한다.

69 다음은 해상운송의 컨테이너의 규격에 대한 설명이다. 틀린 것을 고르시오.

① 1 CBM을 1 Metric Ton으로 계산한다.
② TEU, FEU는 이론상 33 CBM, 67 CBM이 적재된다.
③ 규격이 30cm40cm50cm 박스는 이론상 TEU에 330개가 적재된다.
④ 적재장비와 공간 등으로 인해 TEU, FEU는 실재 25 CBM, 55 CBM이 적재된다.

70 신용장의 이용방식에 대한 설명이 잘못된 것은?

① 지급(payment)방식으로 결제가 이루어지는 경우에는 신용장에는 환어음의 발행과 관련된 문구가 나타나지 않을 수 있다.
② 인수(acceptance)방식으로 결제가 이루어지는 경우에는 인수은행이 지정된다.
③ 보증신용장은 환어음에 운송서류가 첨부되지 않는 무화환(Clean)신용장이다.
④ 신용장에 양도를 허용하는 문구가 없어도 수익자와 양도은형이 합의할 경우 부분적, 또는 전체적으로 양도가 가능하다.

71 Buyer의 수입 업무에 대한 설명이다. 틀린 것을 고르시오.(단, FOB거래조건의 계약일 경우)

① 은행으로부터 양도받은 선하증권을 선사에 제시하고 화물인도지시서를 받는다.
② 은행으로부터 양도받은 선하증권을 보세창고업자에게 제시하고 화물을 인도받는다.

③ 선하증권을 선사에 제시할 때는 운송비를 결제하여야 한다.

④ 선하증권을 운송주선인에게 제시하고, 운송비를 결제한 뒤 화물을 인도받는다.

72 다음 중 해상보험제도의 취지에 비추어 볼 때 보험조건에 상관없이 담보되기 어려운 위험은?

① 컨테이너의 부적합성으로 인한 운송 중 손해

② 갑판적재화물이 파도에 휩쓸려 내려간 경우

③ 좀도둑에 의한 중간항에서의 도난손해

④ 선창내 온도변화에 의한 손해

73 CISG(국제물품매매계약에 관한 UN 협약)가 적용되는 아래 사례에 관하여 옳은 것은?

> Under the FOB contract, ABC Co(the seller) in Busan shipped the goods that conformed to the contract. However, during the carriage, the goods were damaged by sea water so that, when it reached XYZ Co(the buyer) in New York, the quality of the goods was "No.3" rather than "No.1"

① XYZ Co can claim damages for the non-conformity of the goods.

② XYZ Co can declare the contract avoided for the non-conformity of the goods.

③ XYZ Co can require the ABC Co to deliver the substitute goods for the non-conformity of the goods

④ XYZ Co cannot claimed that the goods did not conform to the quality required by the contract

74 수출업자가 수출거래에서 발생할 수 있는 환차손에 대비하기 위해 이용할 수 있는 각 헷징수단에 대한 설명으로 잘못된 것은?

① 환변동보험에서 계약시점에서의 보장환율과 실제 결제시점에서의 결제환율의 차이로 환차손이 발생시에는 보험자가 보상하고 환차익이 발생하면 보험자가

환수한다.

② 통화선물에서는 특정통화를 미래의 일정시점에 약정가격으로 매매하기로 하되 계약내용을 표준화하여 거래소를 통해 이루어진다.

③ 선물환거래는 미래의 특정시기에 약정한 환율로 당사자간에 통화를 매매하고 대금을 결제하는 거래로 미래의 범주는 계약일로부터 3일 이후가 된다.

④ 매칭은 외화자금의 결제시기를 의도적으로 앞당기거나 늦추는 방식으로 환리스크를 회피하는 기법이다.

75 다음은 각 신용장의 특성을 설명한 것이다. 잘못 설명된 것은?

① 양도가능신용장(transferable credit)에서 제2수익자에 대한 대금지급은 원 신용장의 개설은행이 직접 약속하는 것이다.

② 내국신용장(local credit)은 해외의 수출신용장을 근거로 발행되므로 내국신용장하에서의 대금지급여부는 원 수출업자인 내국신용장개설의뢰인의 수출이행 여부에 달려있다.

③ 보증신용장(standby credit)은 신용장발행의 근거가 되는 기본계약이 불이행될 경우 대금지급이 이루어지는 특징을 지닌다.

④ 수출선수금신용장에서는 신용장개설의뢰인이 통지은행에게 일정한 조건하에서 수익자에게 수출대금의 전불을 허용한다.

▮해답▮ 제87회 기출문제(2급)

(1~20)

1. ③	2. ②	3. ④	4. ④	5. ②
6. ①	7. ①	8. ①	9. ②	10. ③
11. ②	12. ①	13. ①	14. ②	15. ④
16. ②	17. ③	18. ③	19. ②	20. ③

(21~40)

21. ③	22. ④	23. ①	24. ③	25. ①
26. ②	27. ②	28. ④	29. ④	30. ④
31. ②	32. ②	33. ①	34. ①	35. ④
36. ③	37. ①	38. ④	39. ②	40. ②

(41~60)

41. ④	42. ④	43. ④	44. ④	45. ③
46. ③	47. ④	48. ①	49. ①	50. ③
51. ④	52. ②	53. ④	54. ④	55. ②
56. ①	57. ④	58. ①	59. ①	60. ①

(61~75)

61. ①	62. ③	63. ③	64. ④	65. ③
66. ④	67. ④	68. ②	69. ③	70. ④
71. ②	72. ①	73. ④	74. ④	75. ②

▌저자 약력▐

김 선 희

충남대학교 박사(영문학)
영국 Business English 과정 및 영어교사 연수과정 이수
미국 애리조나대학교(UA) TESOL 과정 이수
필리핀 대학교(UP) TESOL 과정 이수

〈경력〉 우송대학교 초빙교원 역임
현 한남대학교, 한밭대학 강사
〈저서〉 내가 사랑하는 토익, 영어교육의 문제점과 개선방안 등 다수

✿ 본문 삽화 : 윤하연

인 지

쉬어가는 무역영어

초 판 1쇄 발행 —— 2010년 11월 20일
개정판 1쇄 발행 —— 2011년 2월 15일
개정판 2쇄 발행 —— 2013년 2월 25일
지은이 —— 김 선 희
펴낸이 —— 전 두 표
펴낸데 —— 도서출판 두남
서울시 강동구 성내로6길 34-16 두남빌딩
신 고 : 제25100-1988-9호
(구 제2-624호, 1988. 7. 21)
TEL : 02) 478-2065, 2066, 2067, 2311
FAX : 02) 478-2068
E-mail : dunam1@unitel.co.kr
http://www.dunam.co.kr

정가 18,000원

ISBN 978-89-6414-172-4 13320